Trachtenumzug
2019

Trachtenumzug
2019
Trachtenumzug der Siebenbürger Sachsen beim Heimattag in Dinkelsbühl

Impressum:
Verfasserin/Herausgeberin:
Dr. Heike Leonhardt-Huober
Pfarrstr. 45
70734 Fellbach
Deutschland
e-Mail: heikeleonhardthuober@gmx.de

Fotos:
Walter Huober

Druck:
Amazon Europe in Luxemburg
Amazon Media EU S.à r.l.,
5 Rue Plaetis,
L-2338, Luxembourg

ISBN: 9781089129097

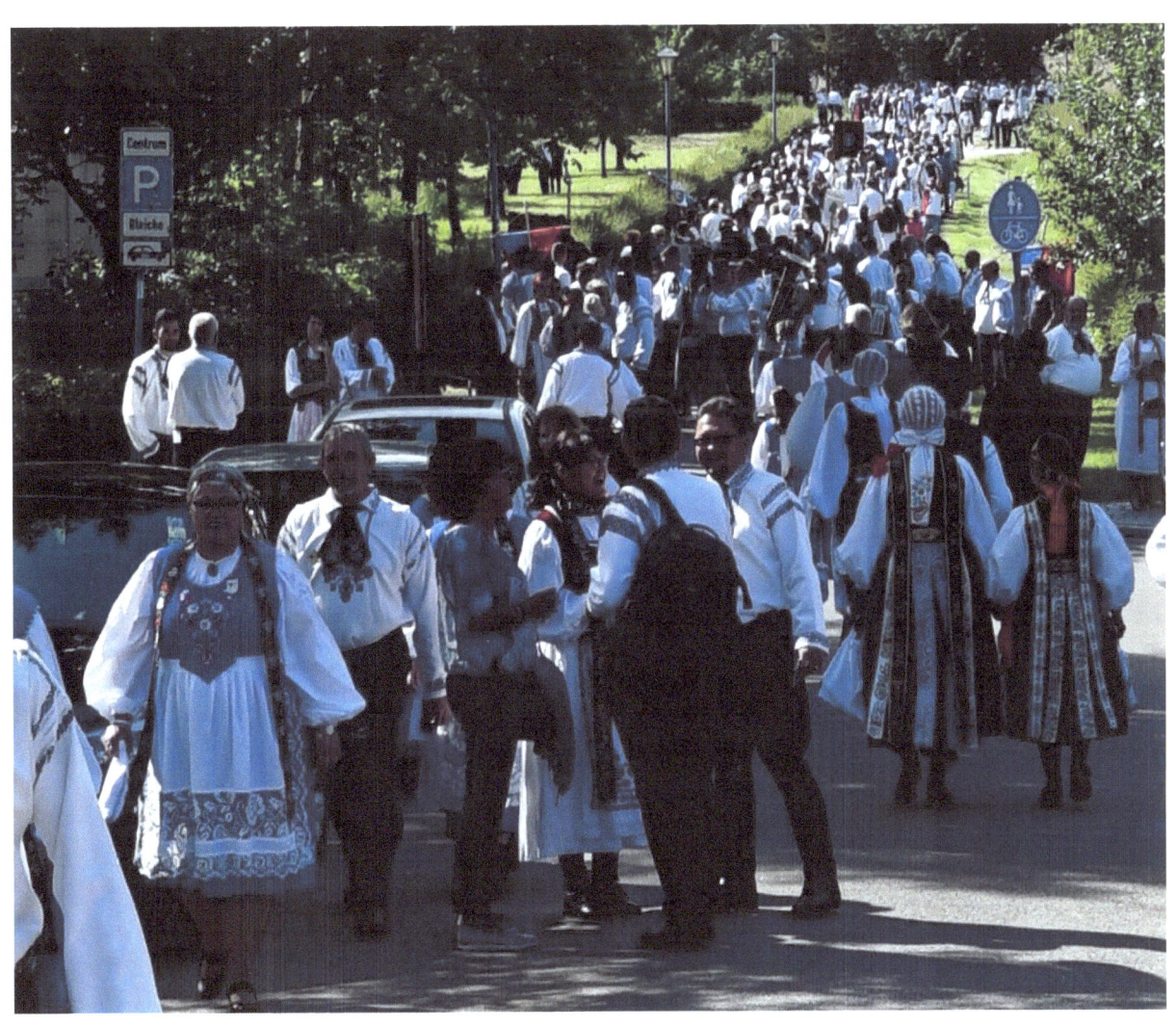

Morgens auf der Bleiche

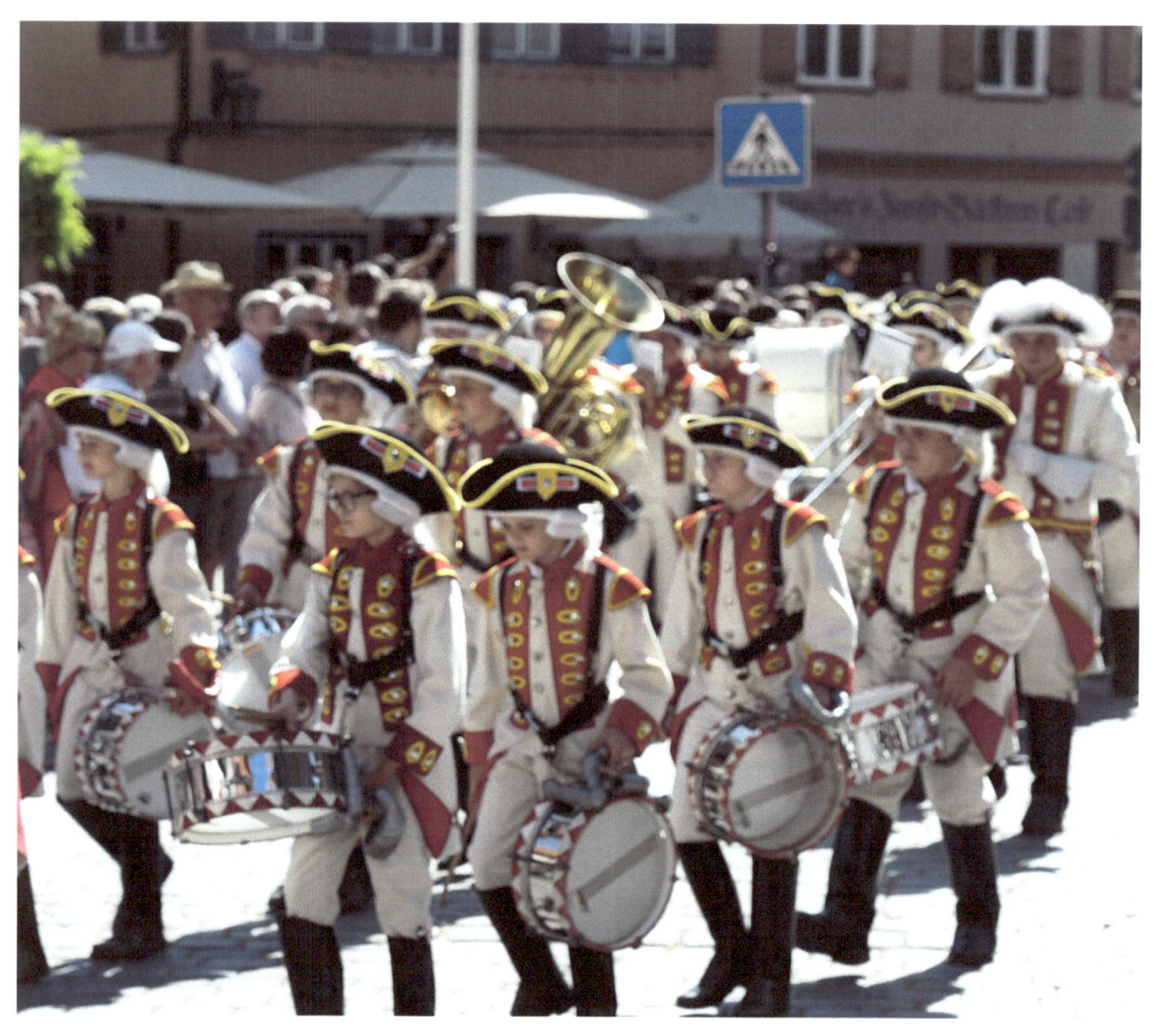

Dinkelsbühler Knabenkapelle

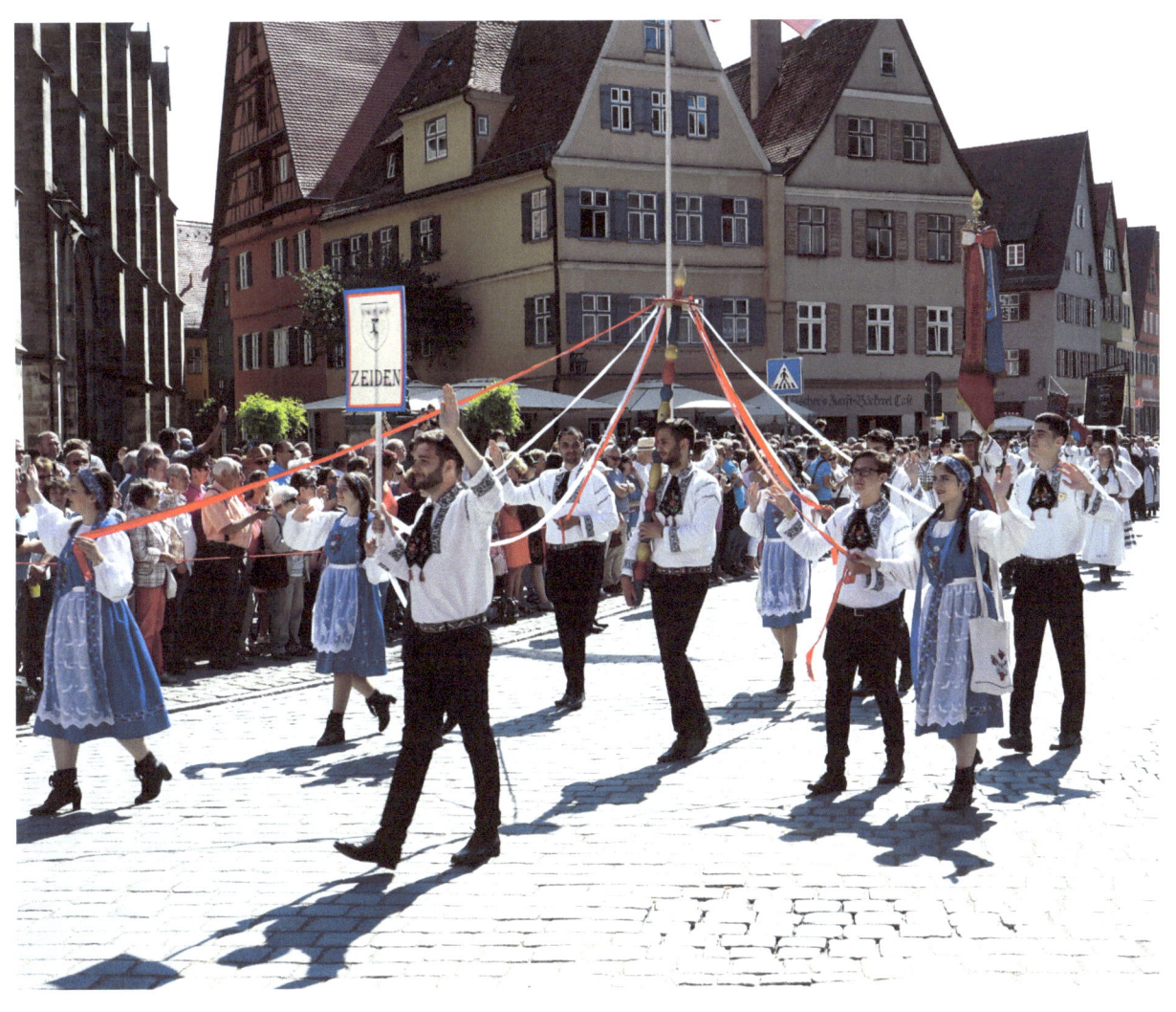

Sächsische Tanzgruppe Zeiden

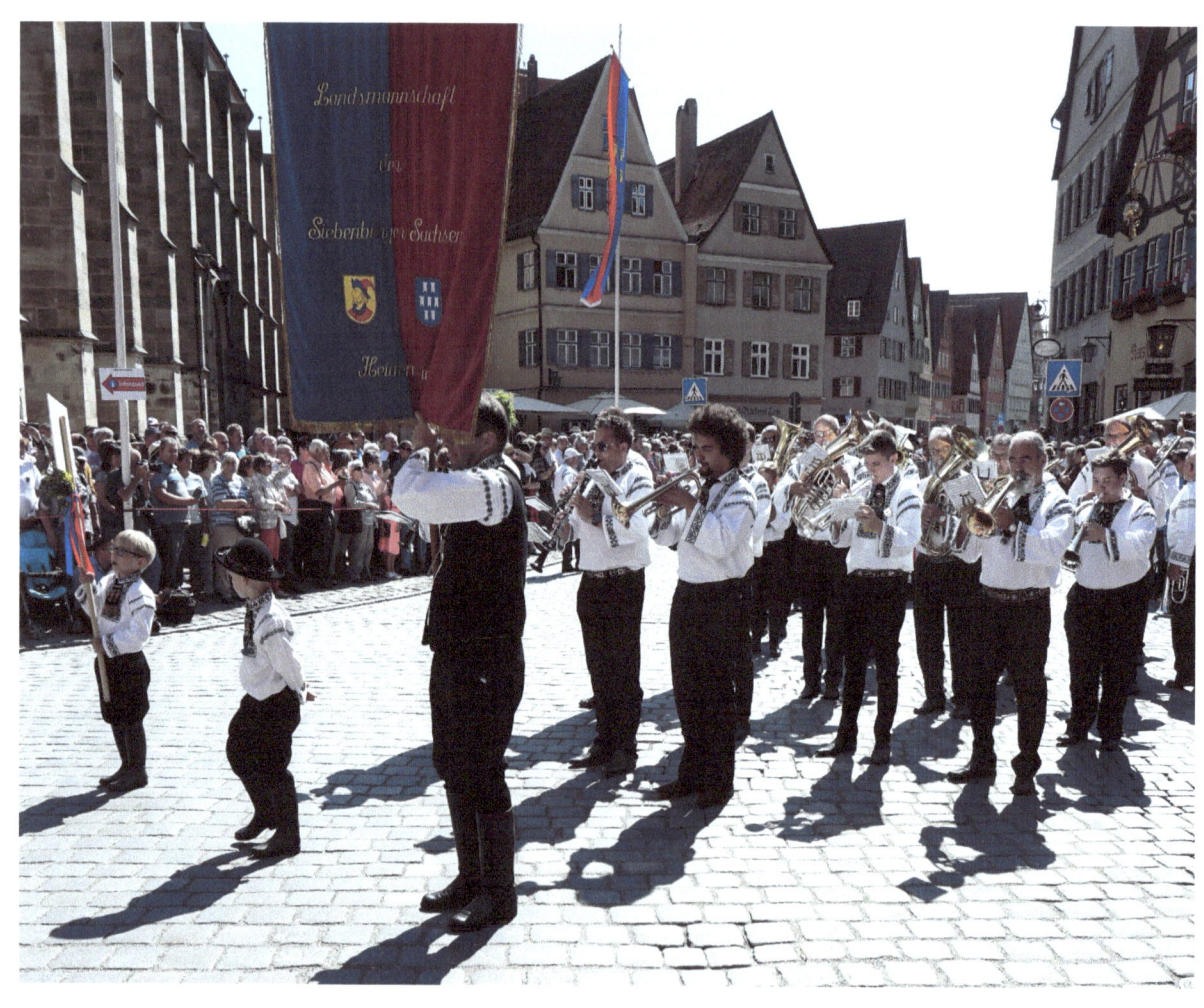

Siebenbürger Musikanten Heidenheim

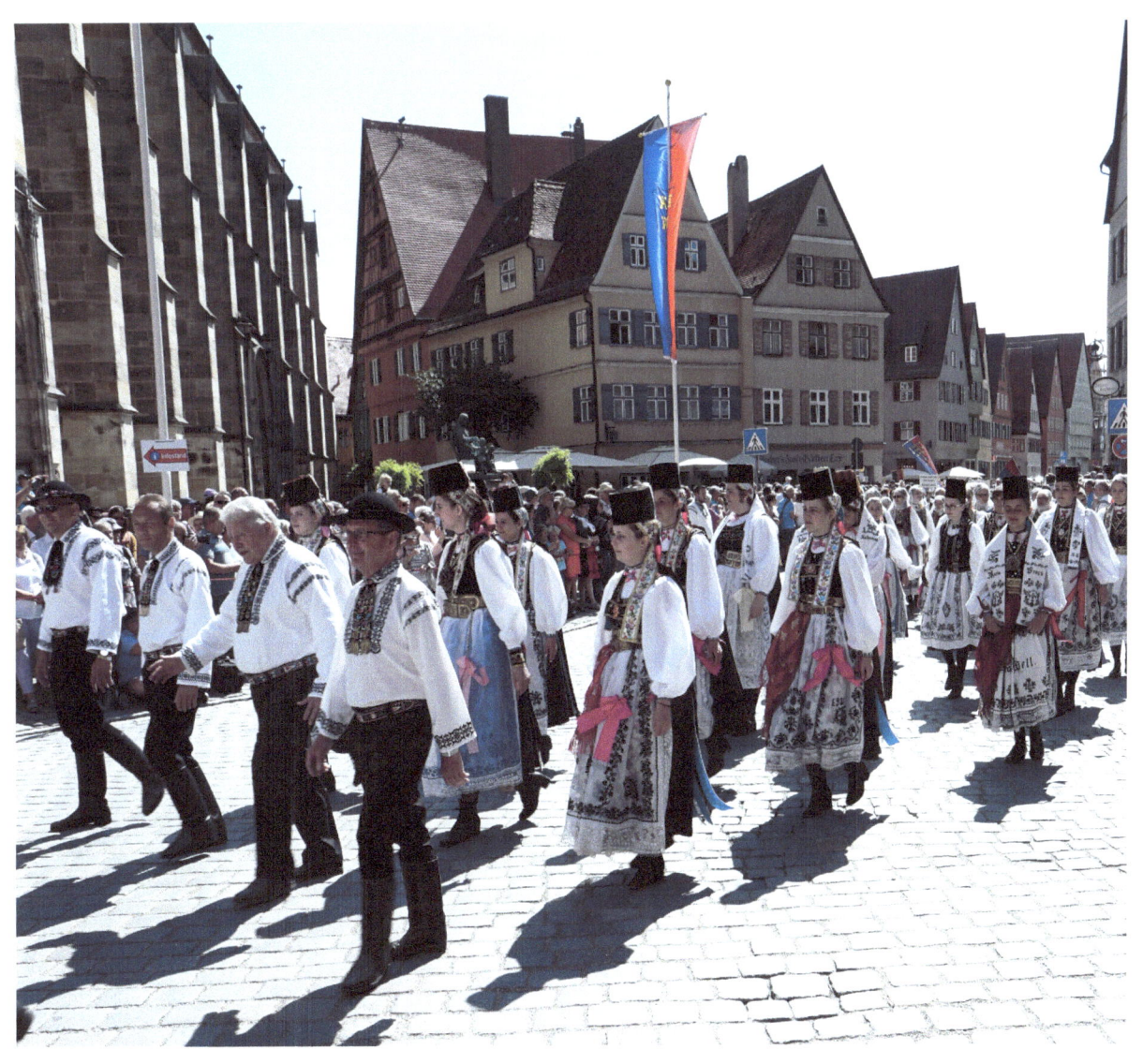

Kreisgruppe Heidenheim

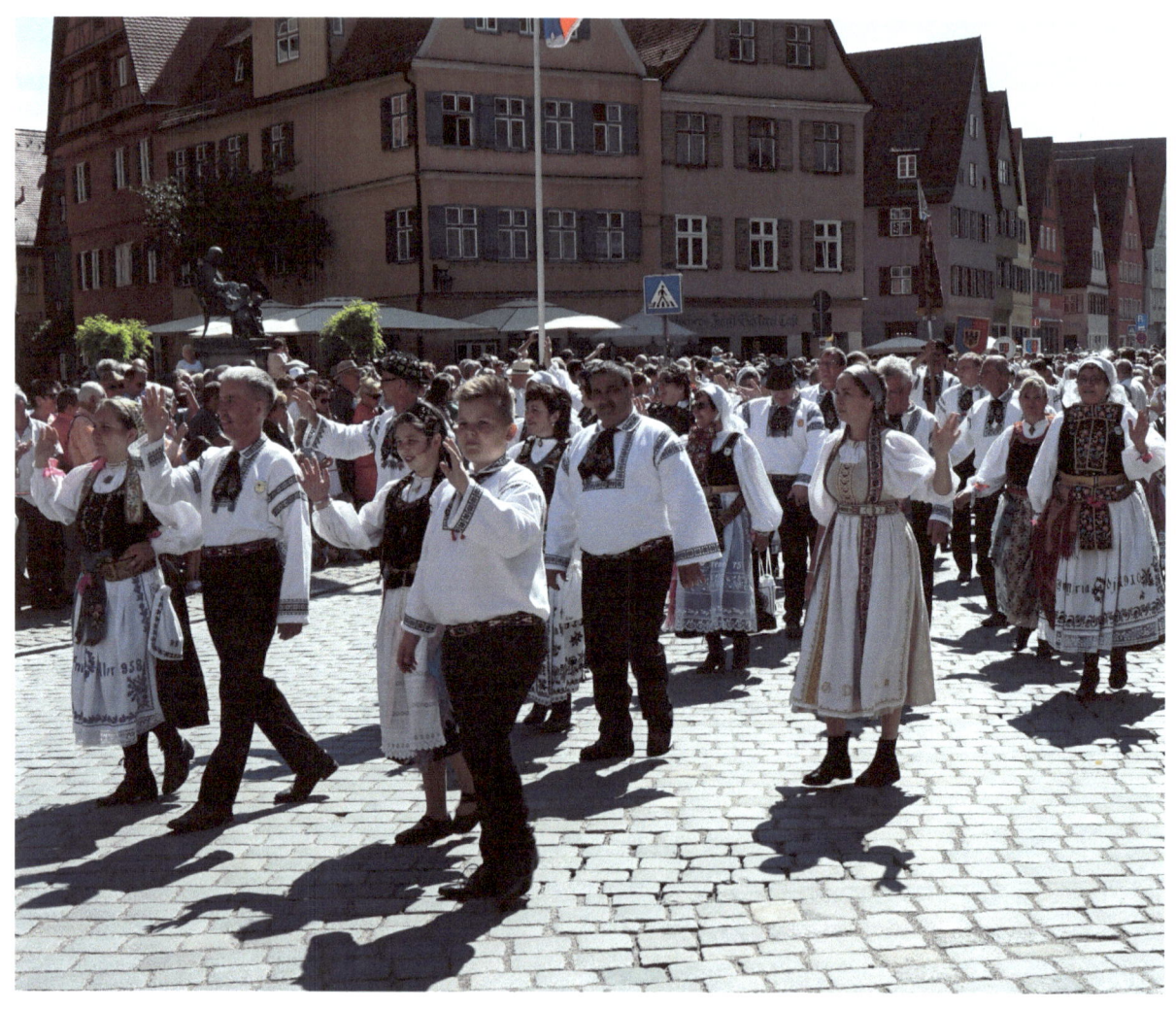

KG Reutlingen-Metzingen-Tübingen

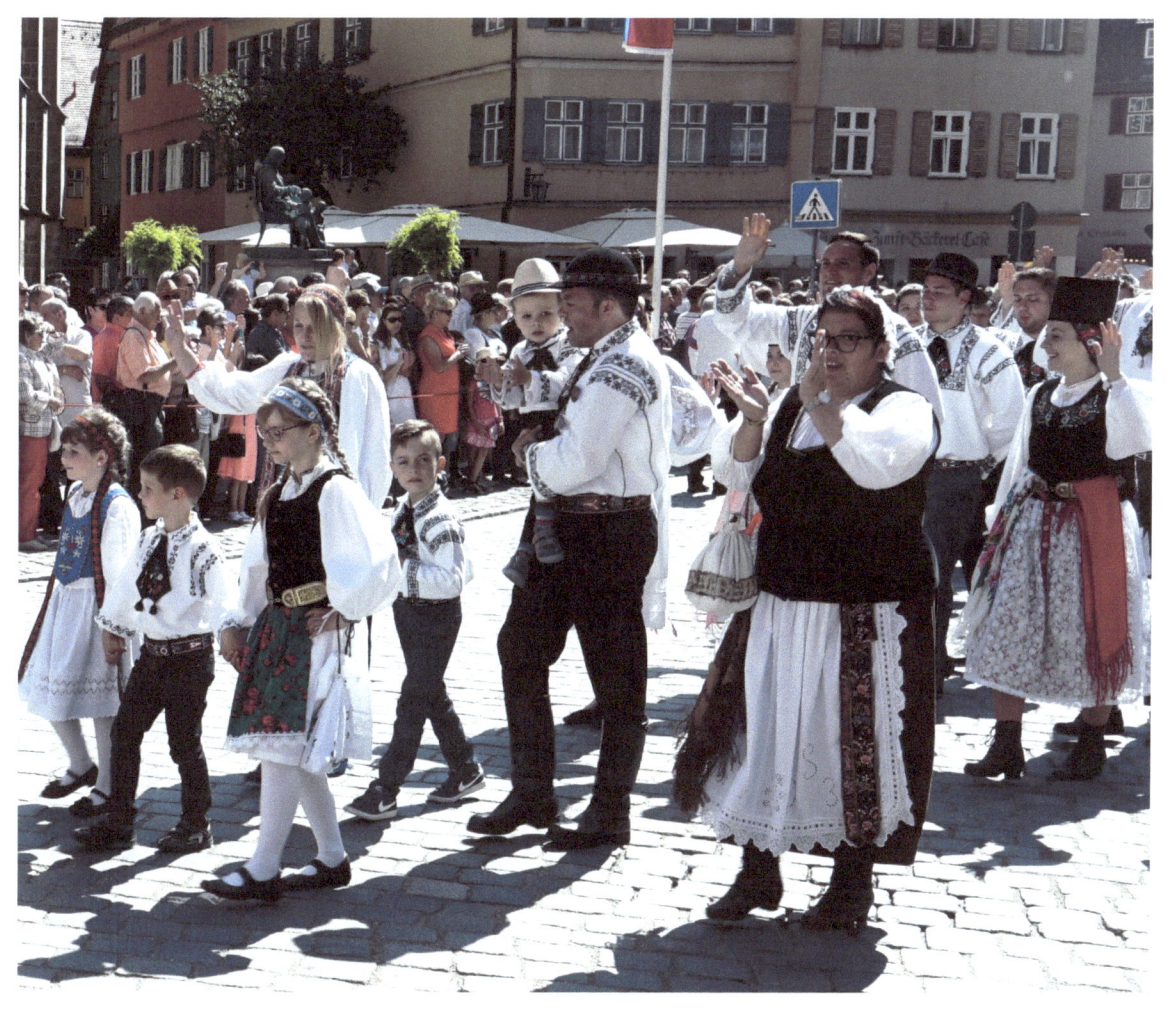

Siebenbürger Sachsen Kreis Böblingen e.V. & HOG
Kleinschelken e.V.

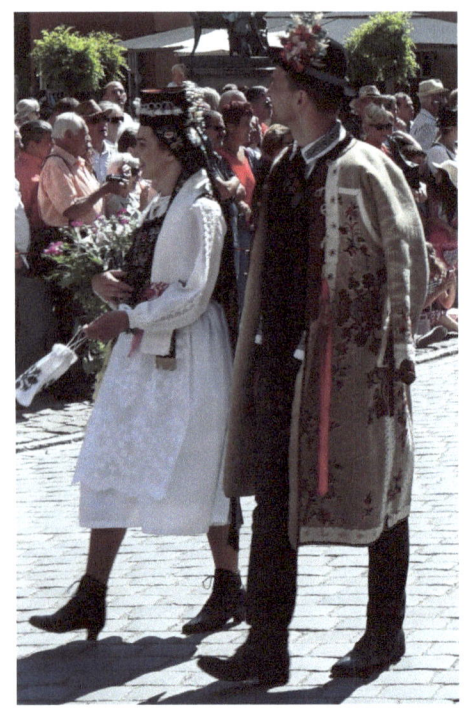 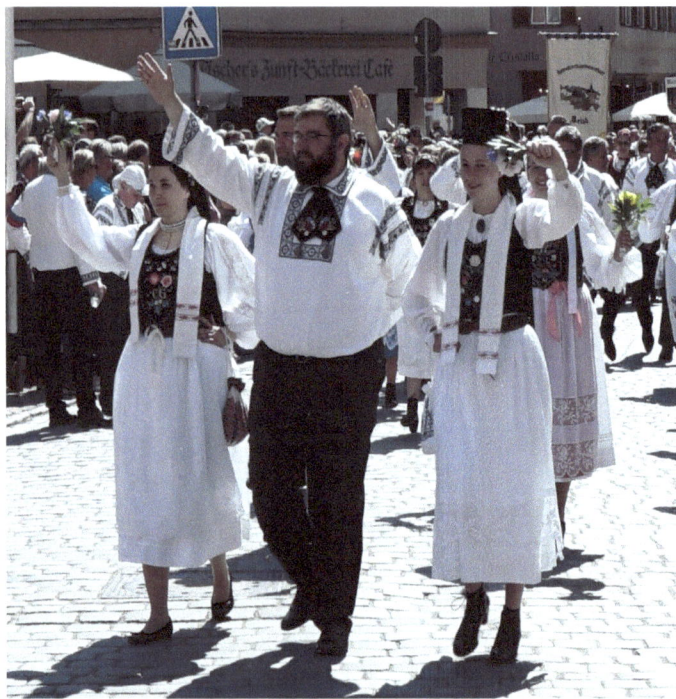

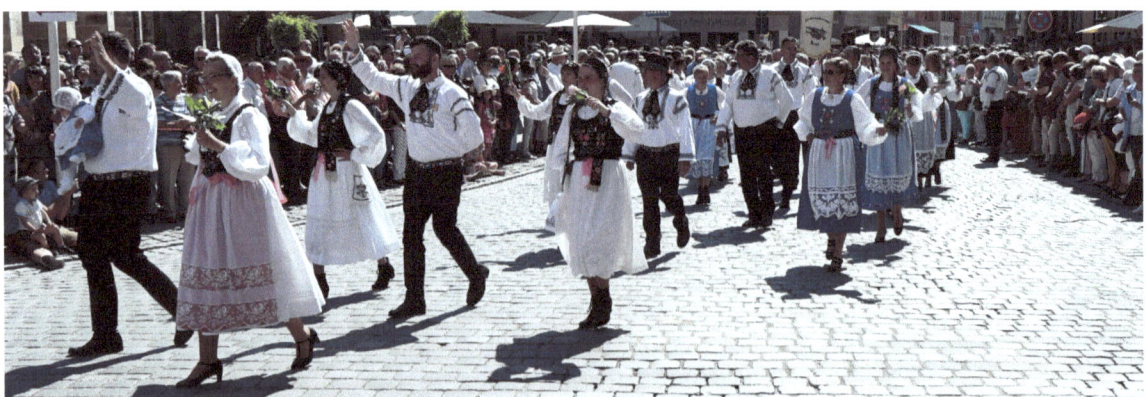

HOG Malmkrog

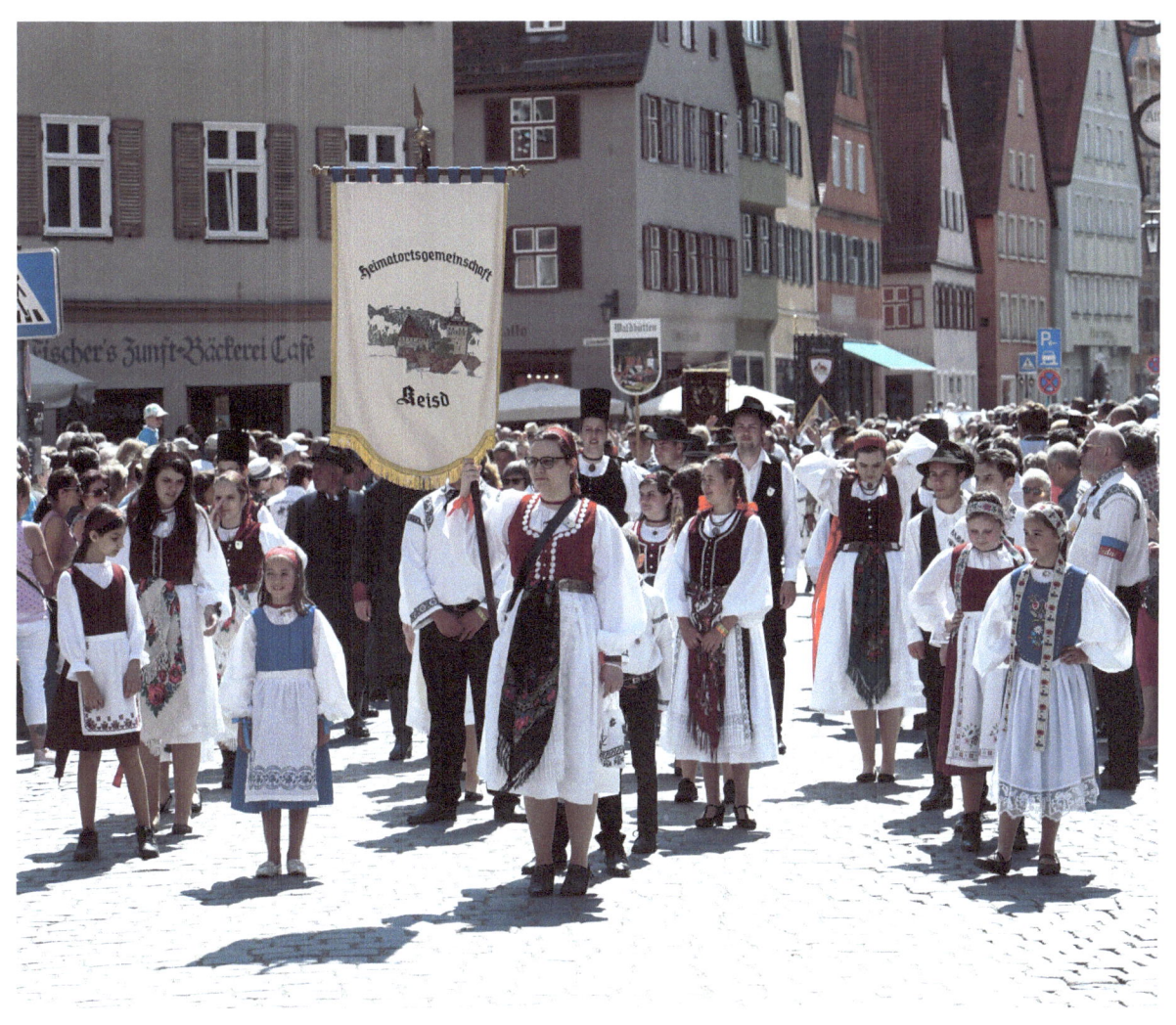

HOG Keisd

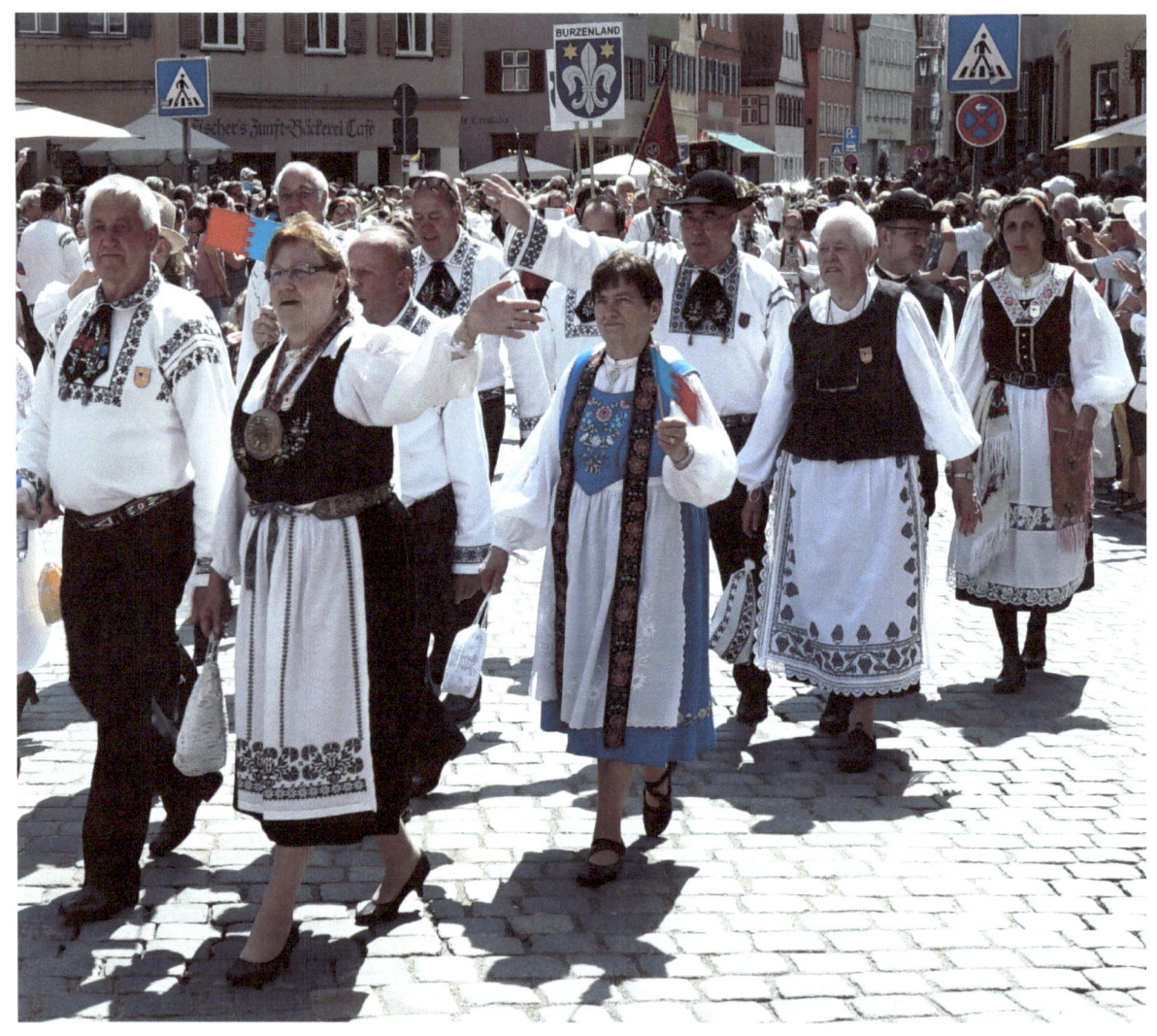

KG Wuppertal

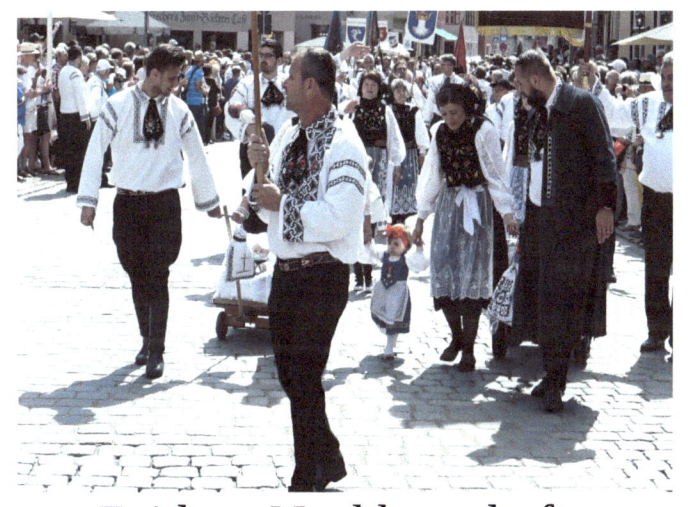
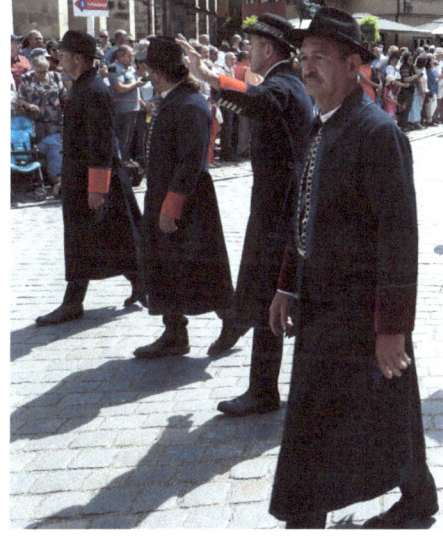

Zeidner Nachbarschaft

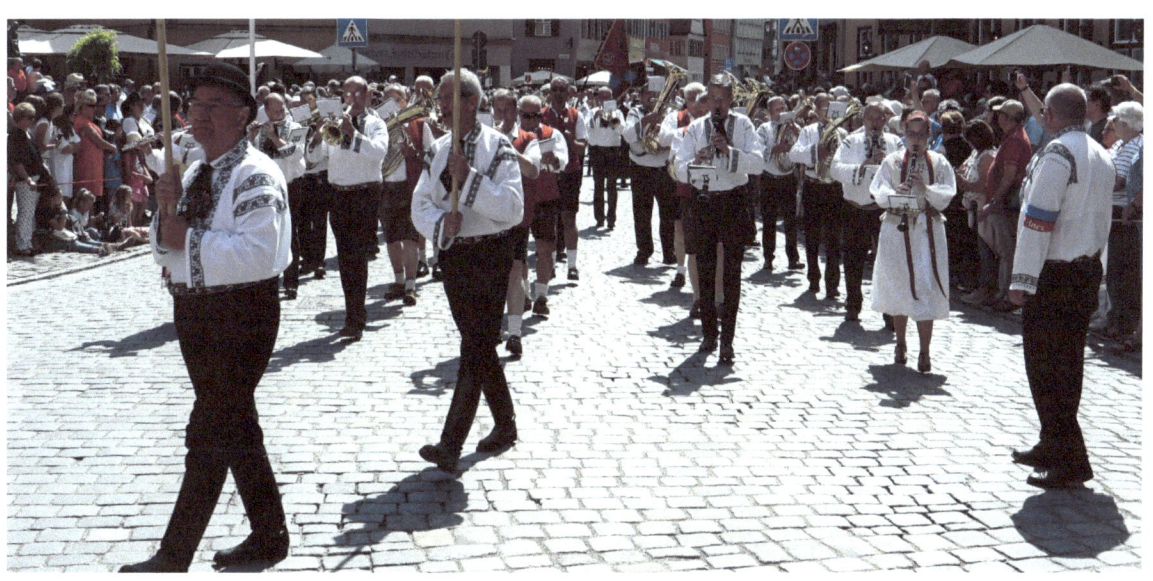

Zeidner Blaskapelle & Fränkisch Blech

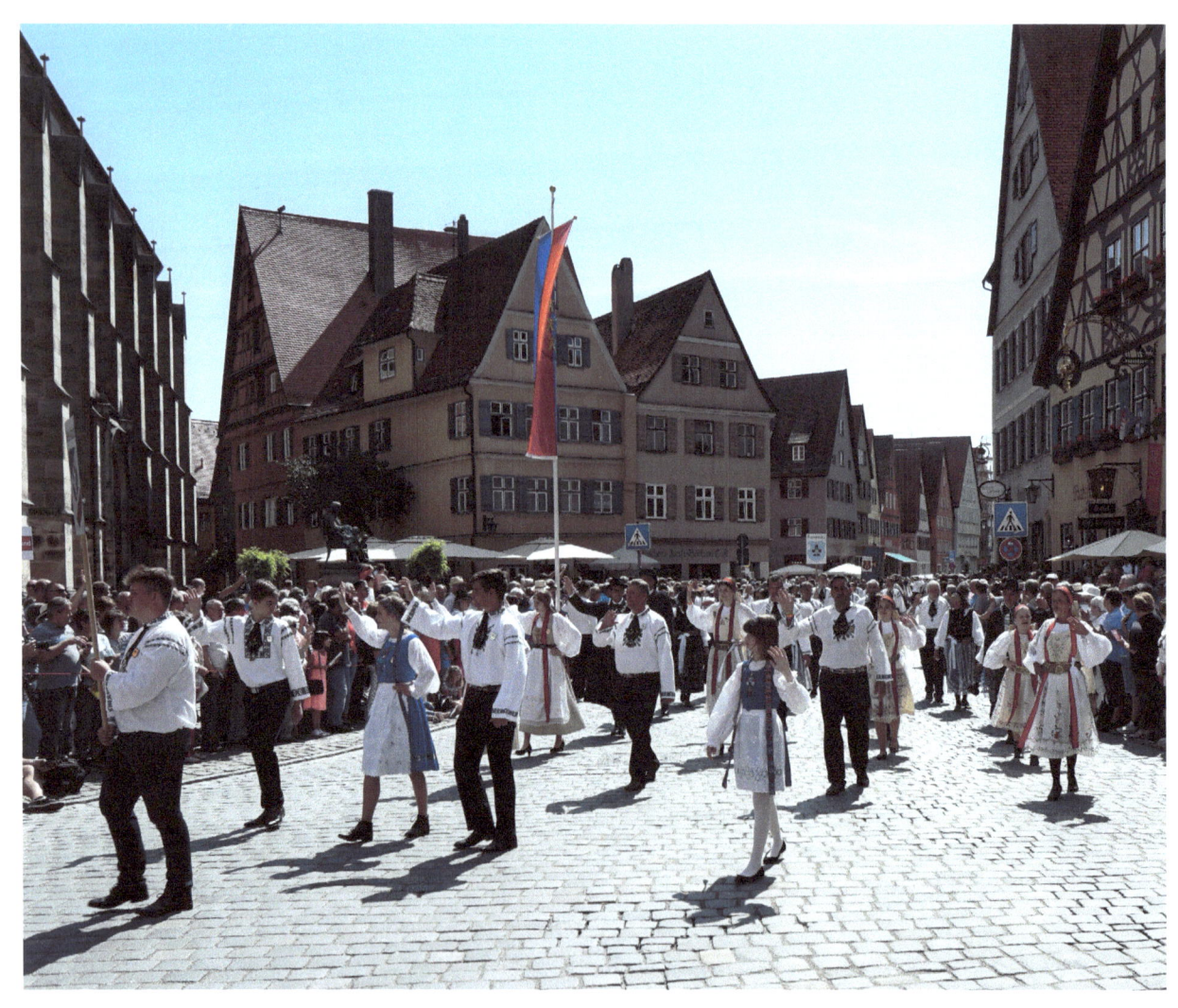

HOG Neustadt im Burzenland

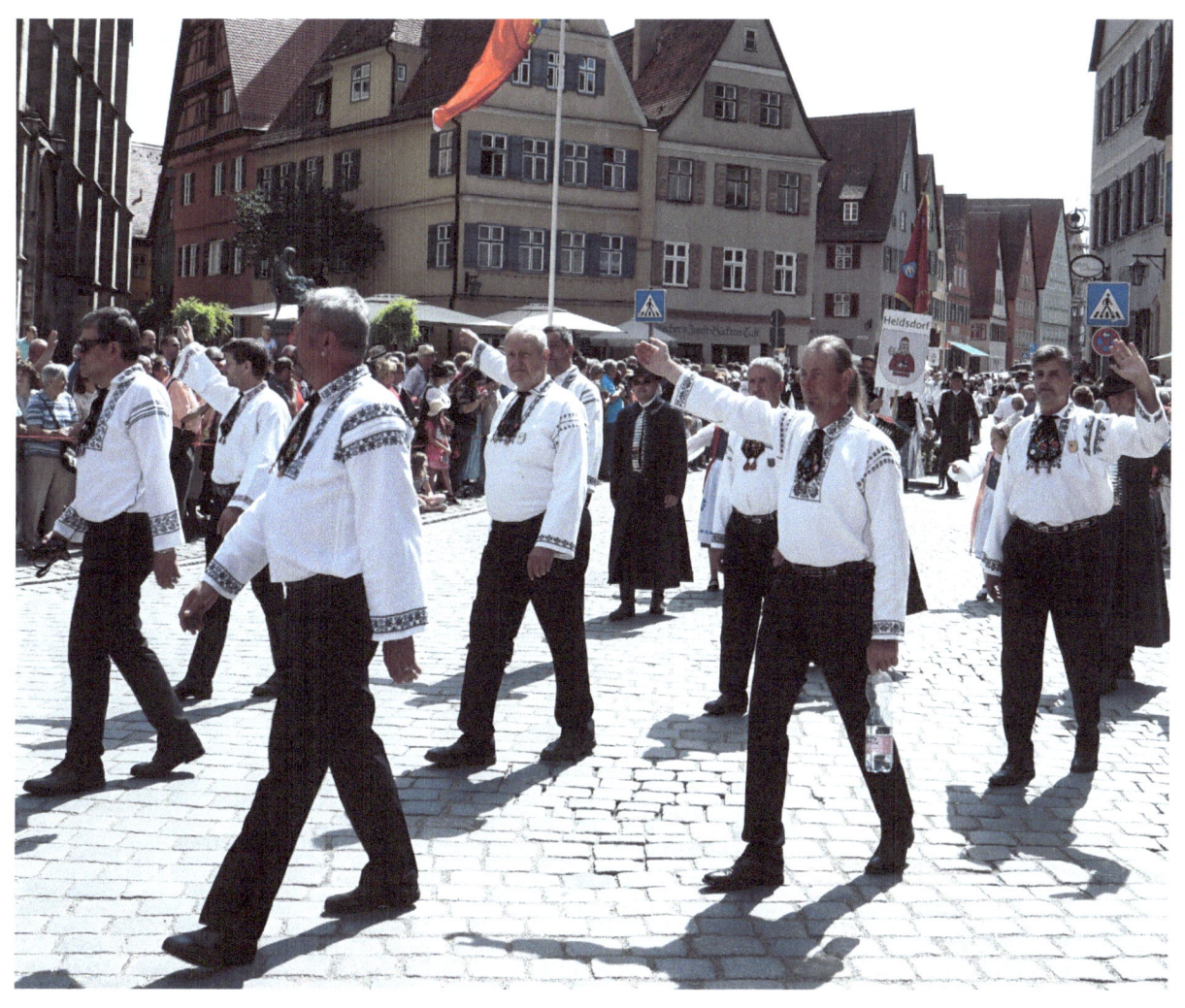

Honigberger Nbs. in Deutschland

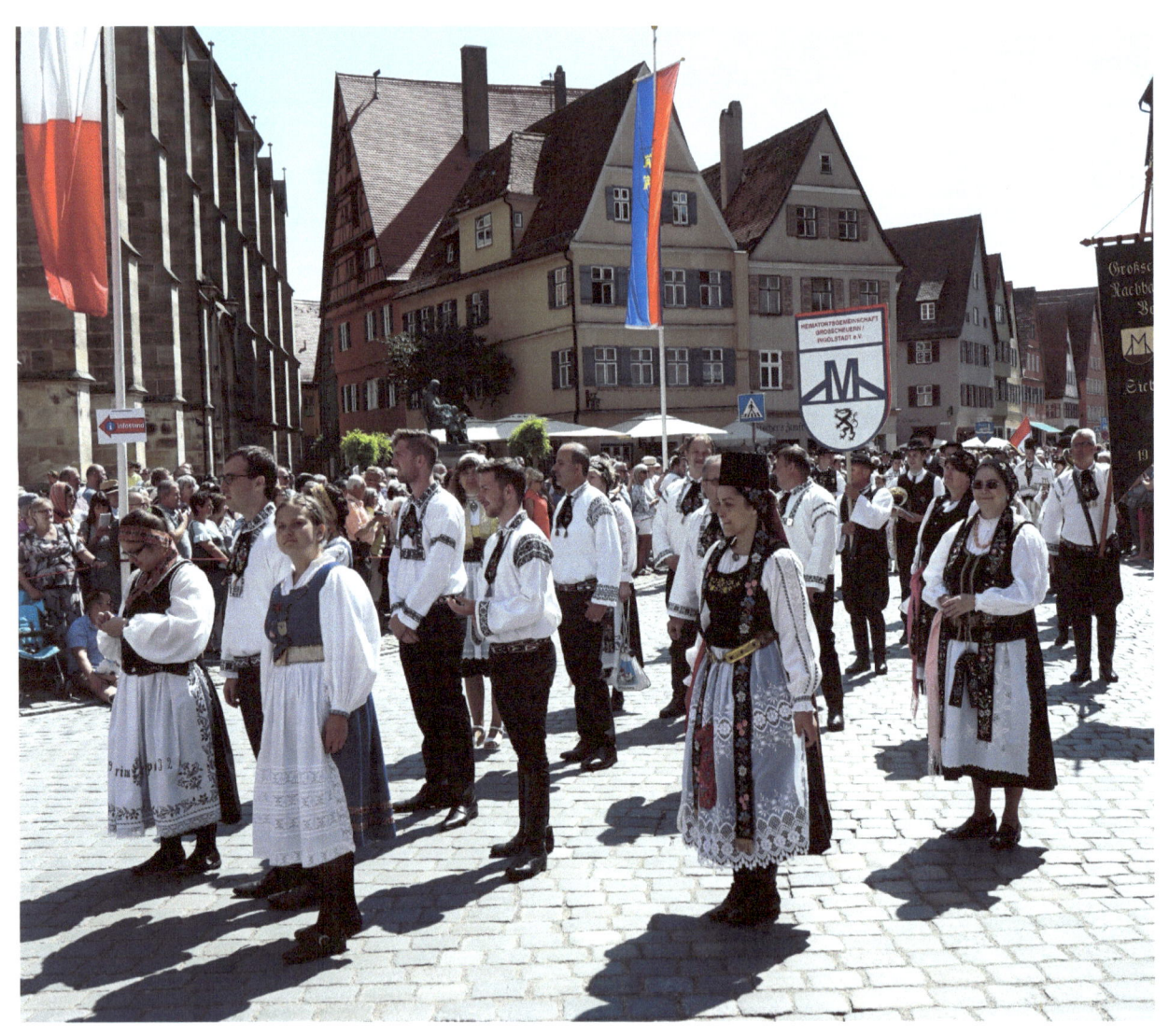

Schönberg e.V.

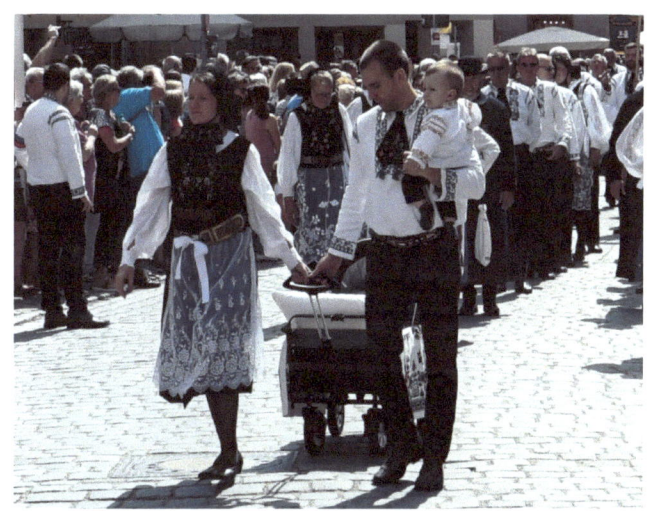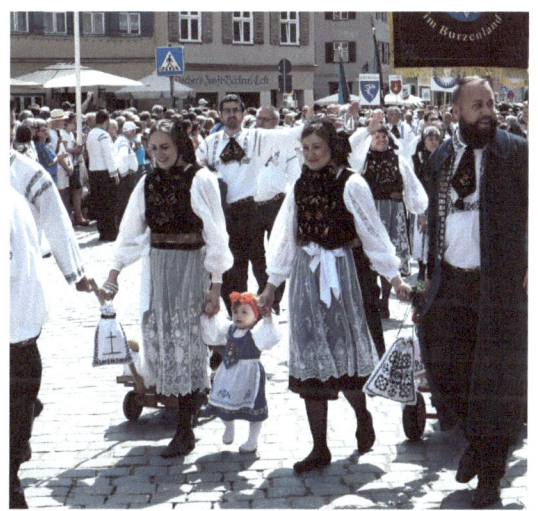
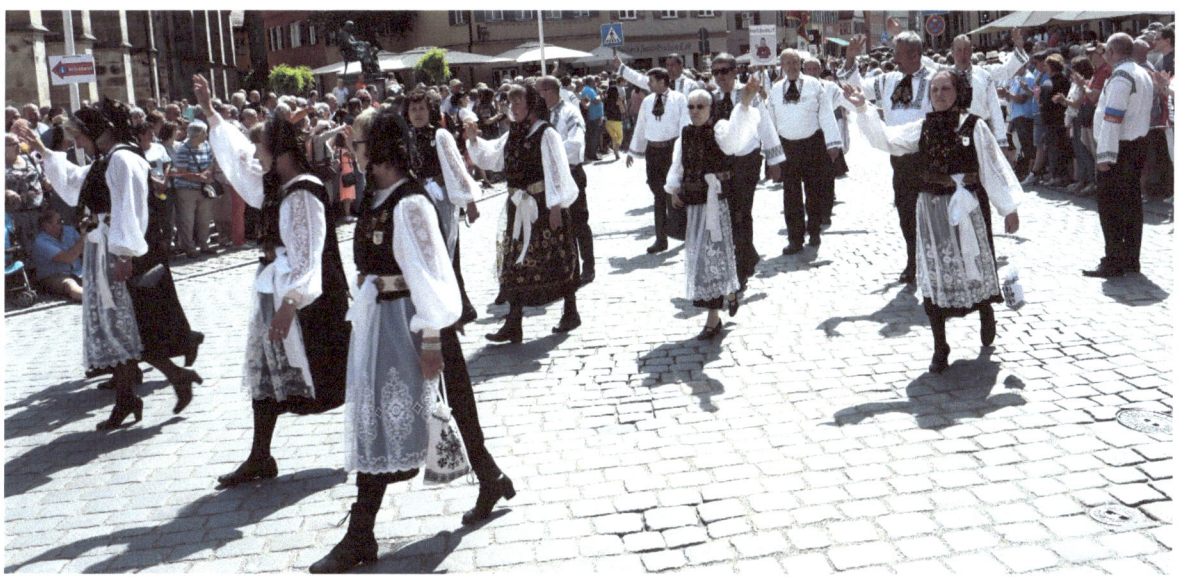

Heimatgemeinschaft (HG) Wolkendorf

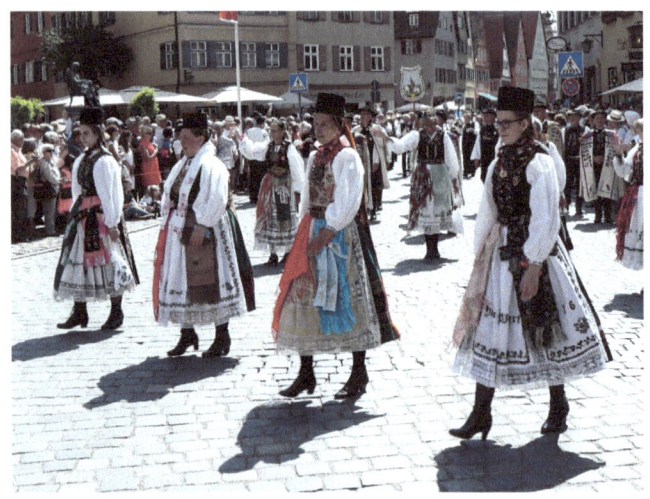

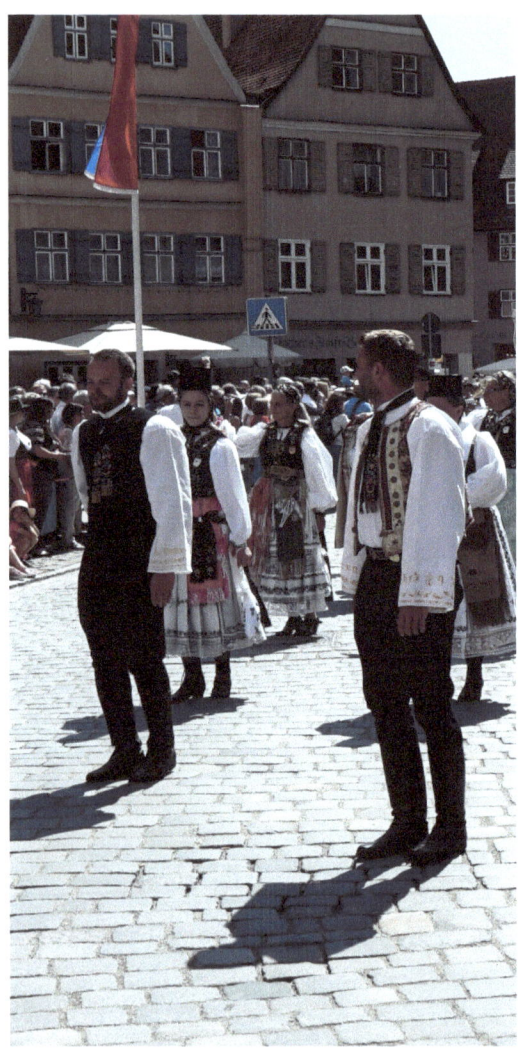

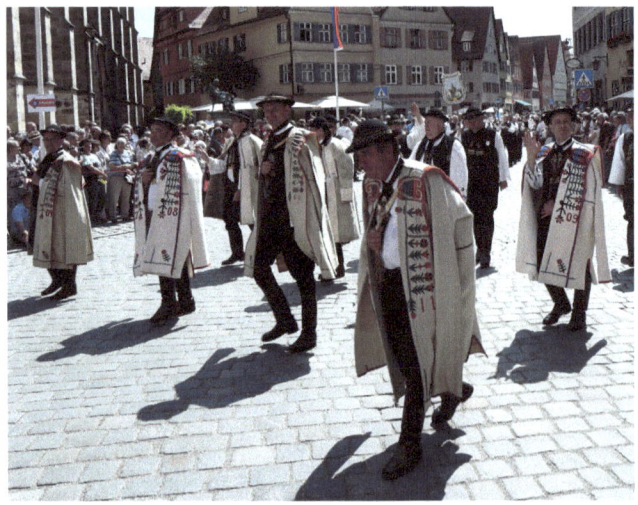

Stolzenburger Förderverein

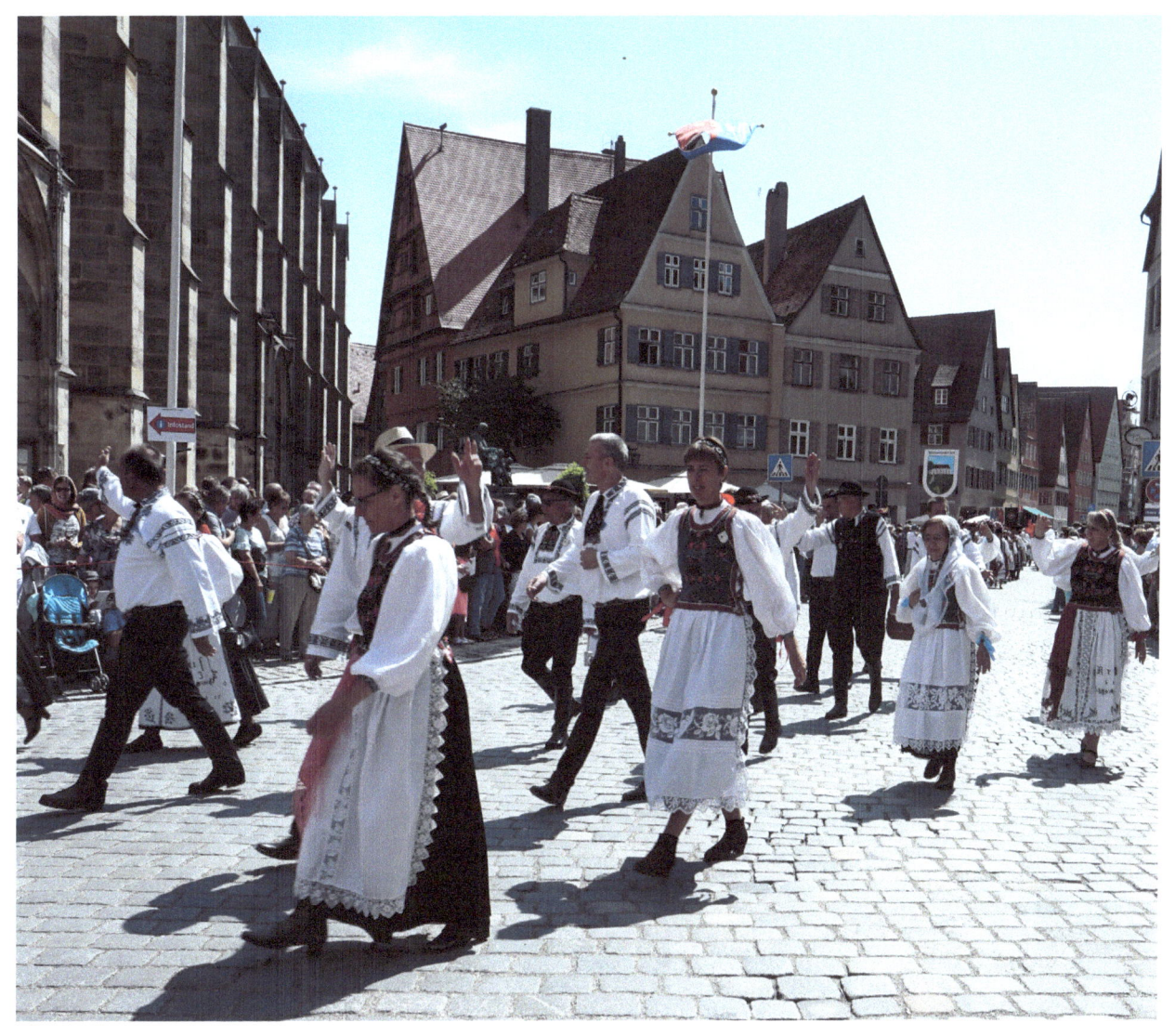

Hamlesch e.V.

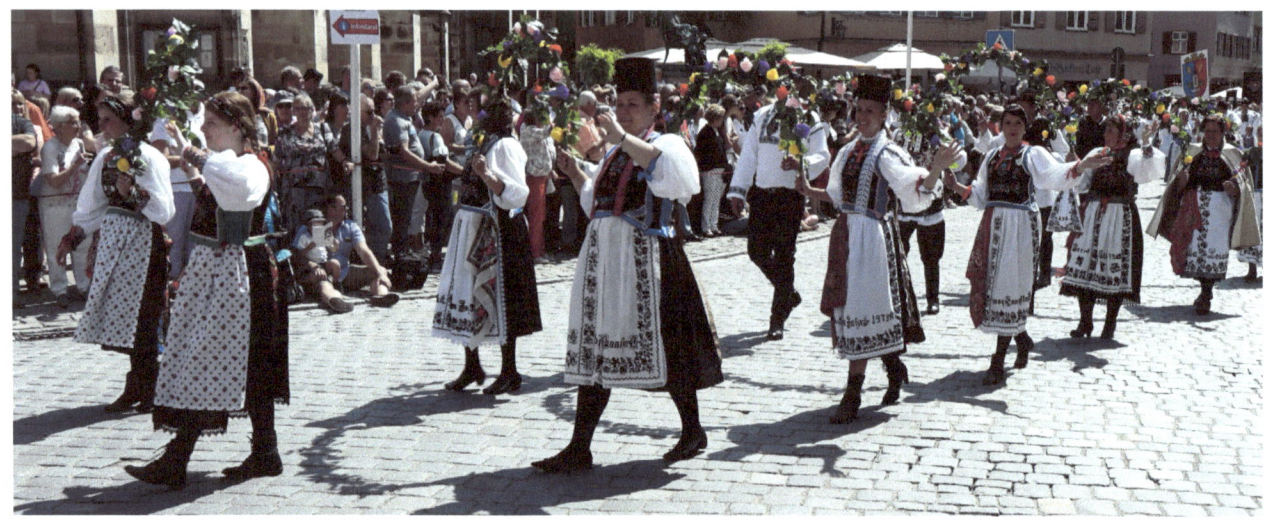

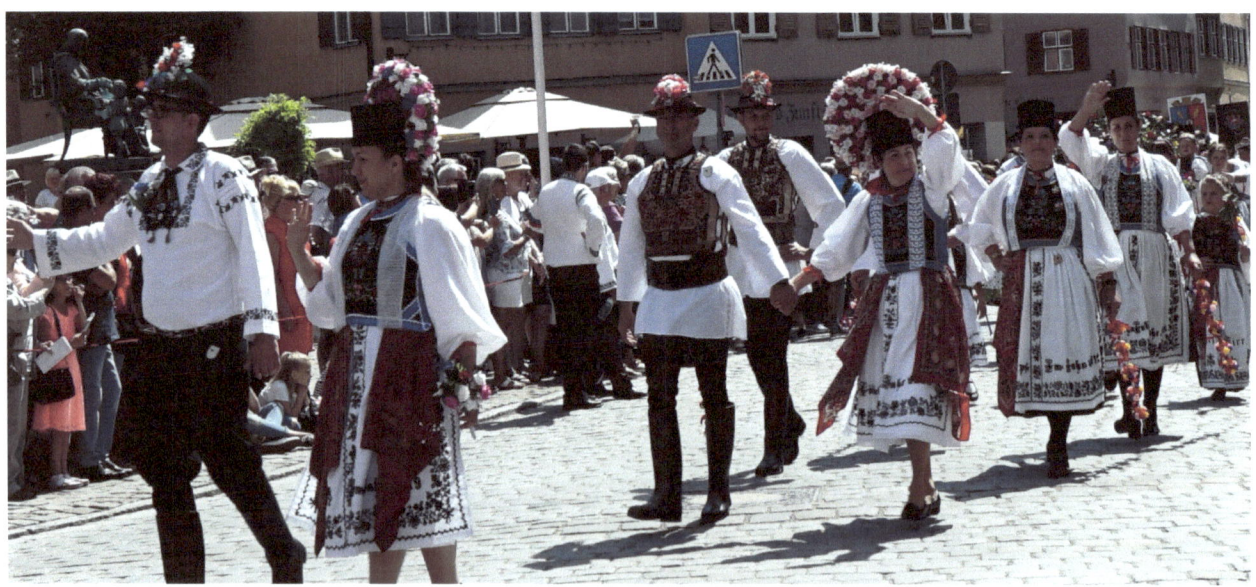

Dorfgemeinschaft Weingartskirchen

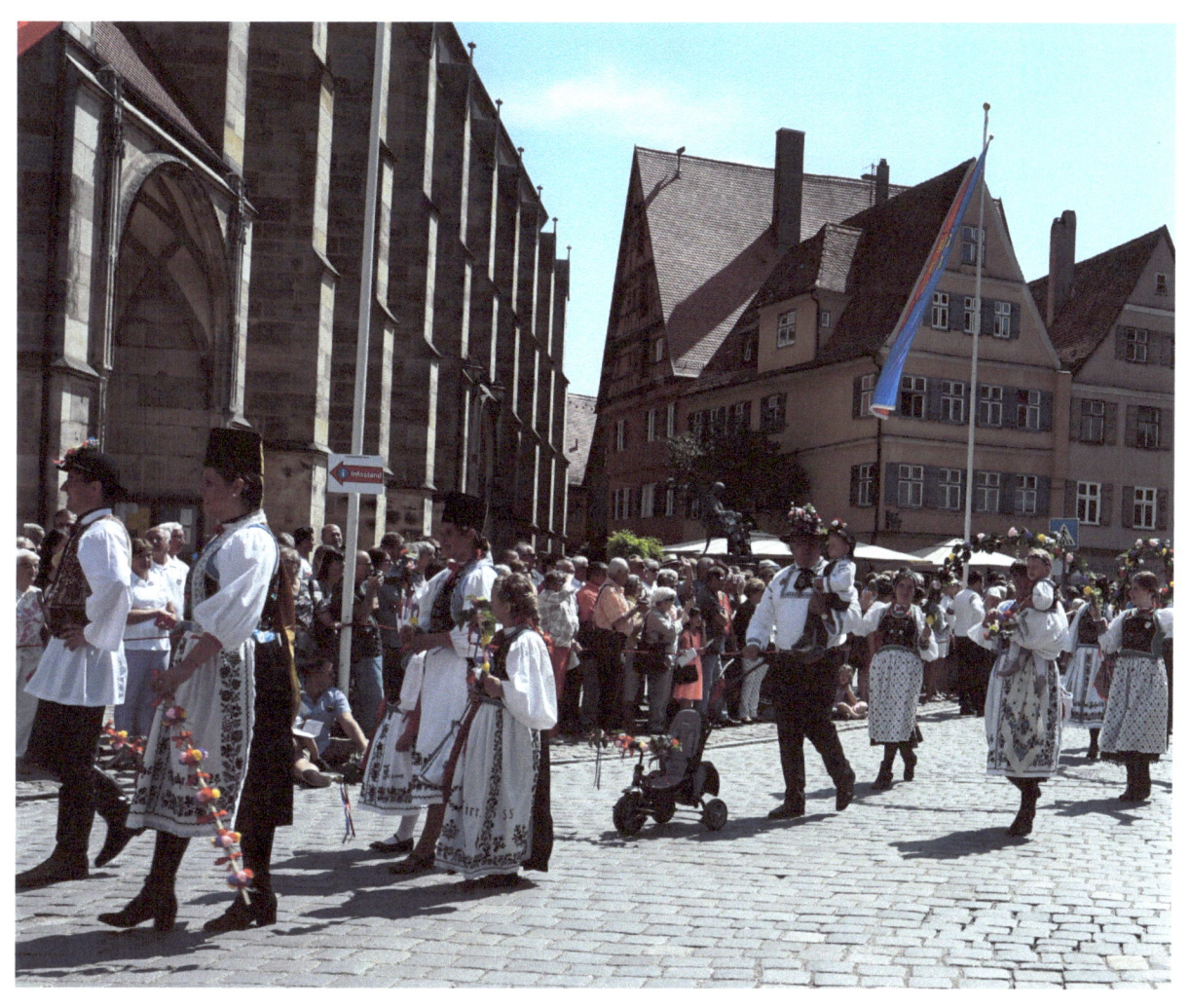

Dorfgemeinschaft Weingartskirchen

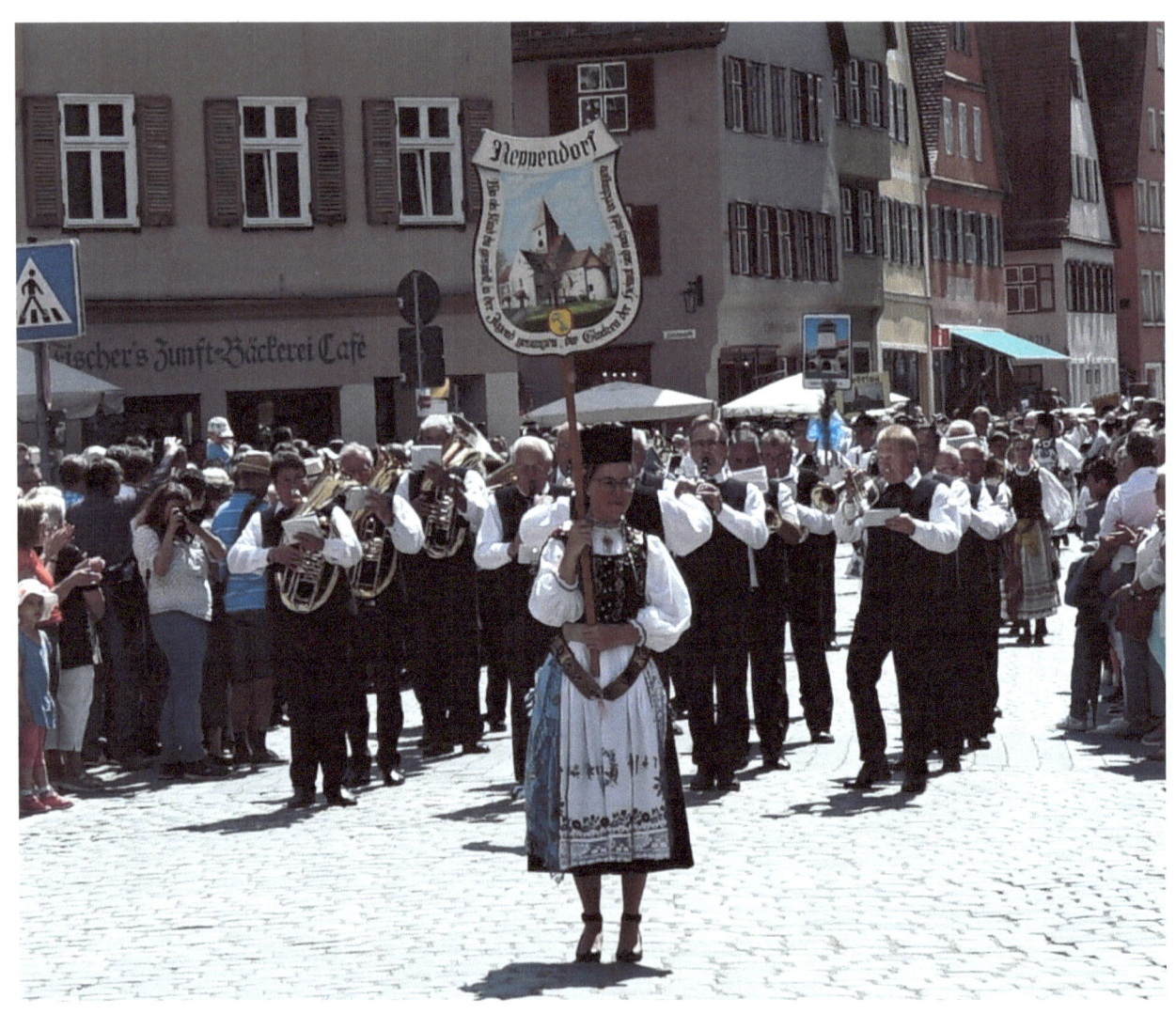

Neppendorfer Blaskapelle

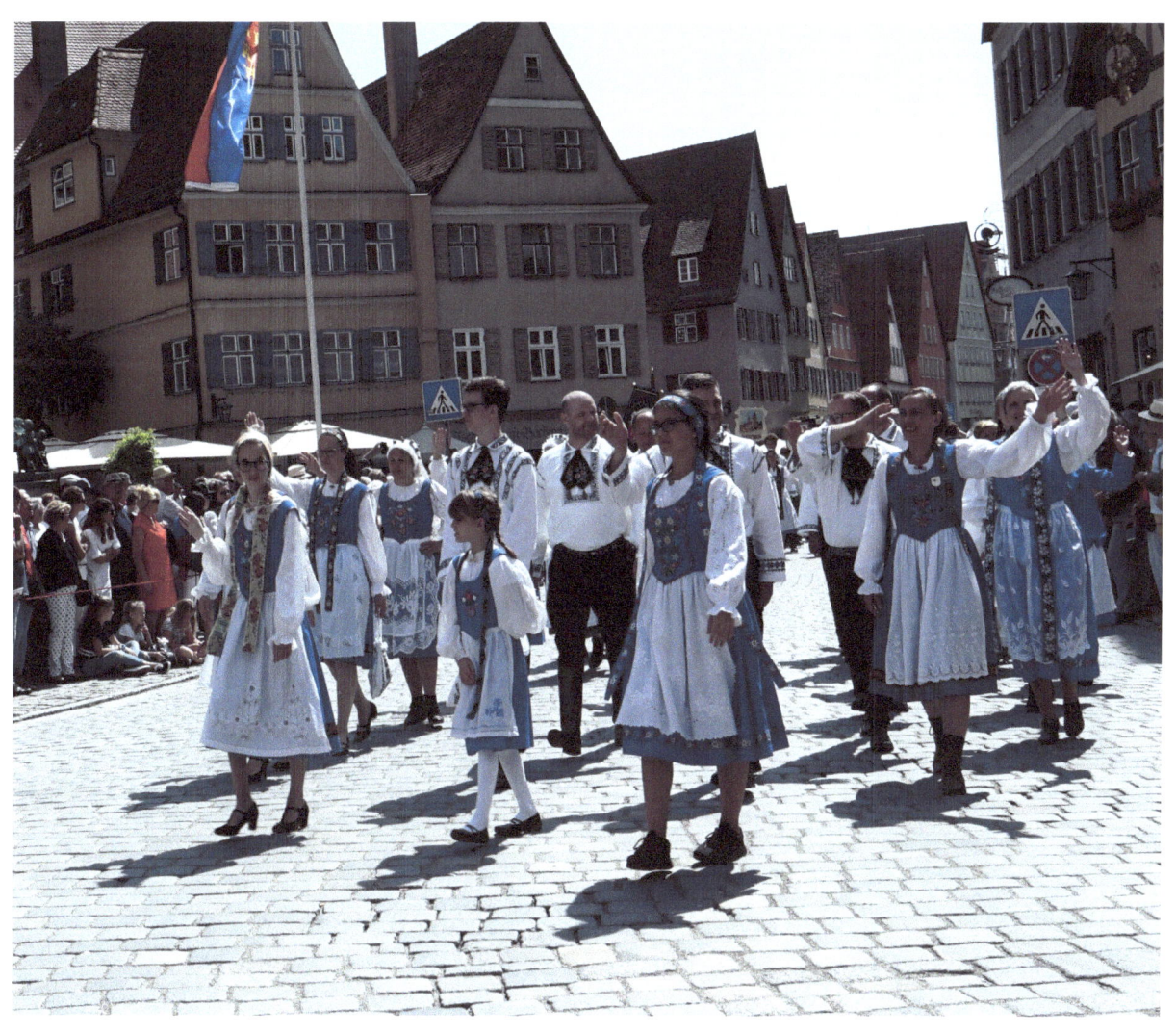

HOG Reichesdorf e.V.

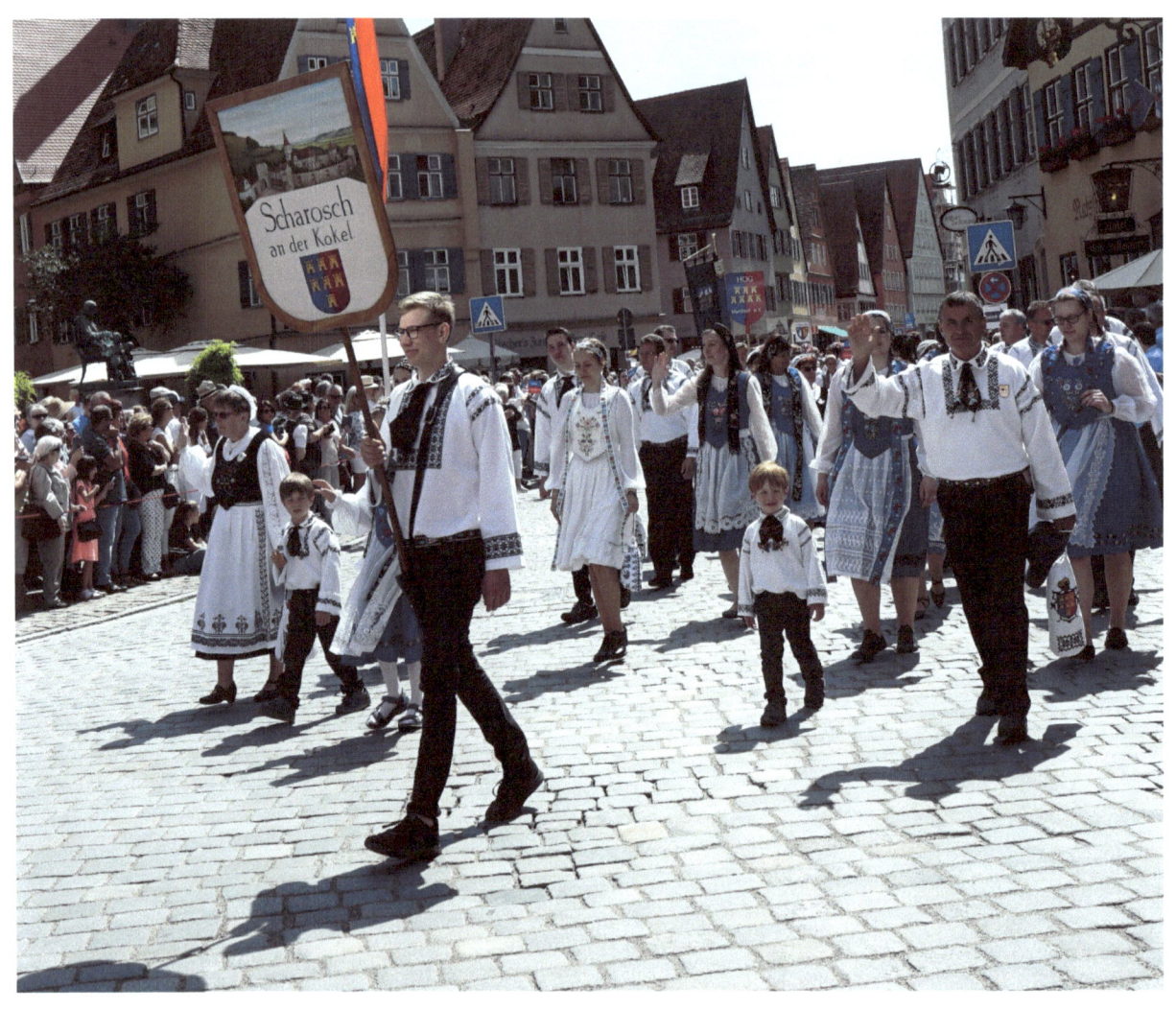

HOG Scharosch an der Kokel

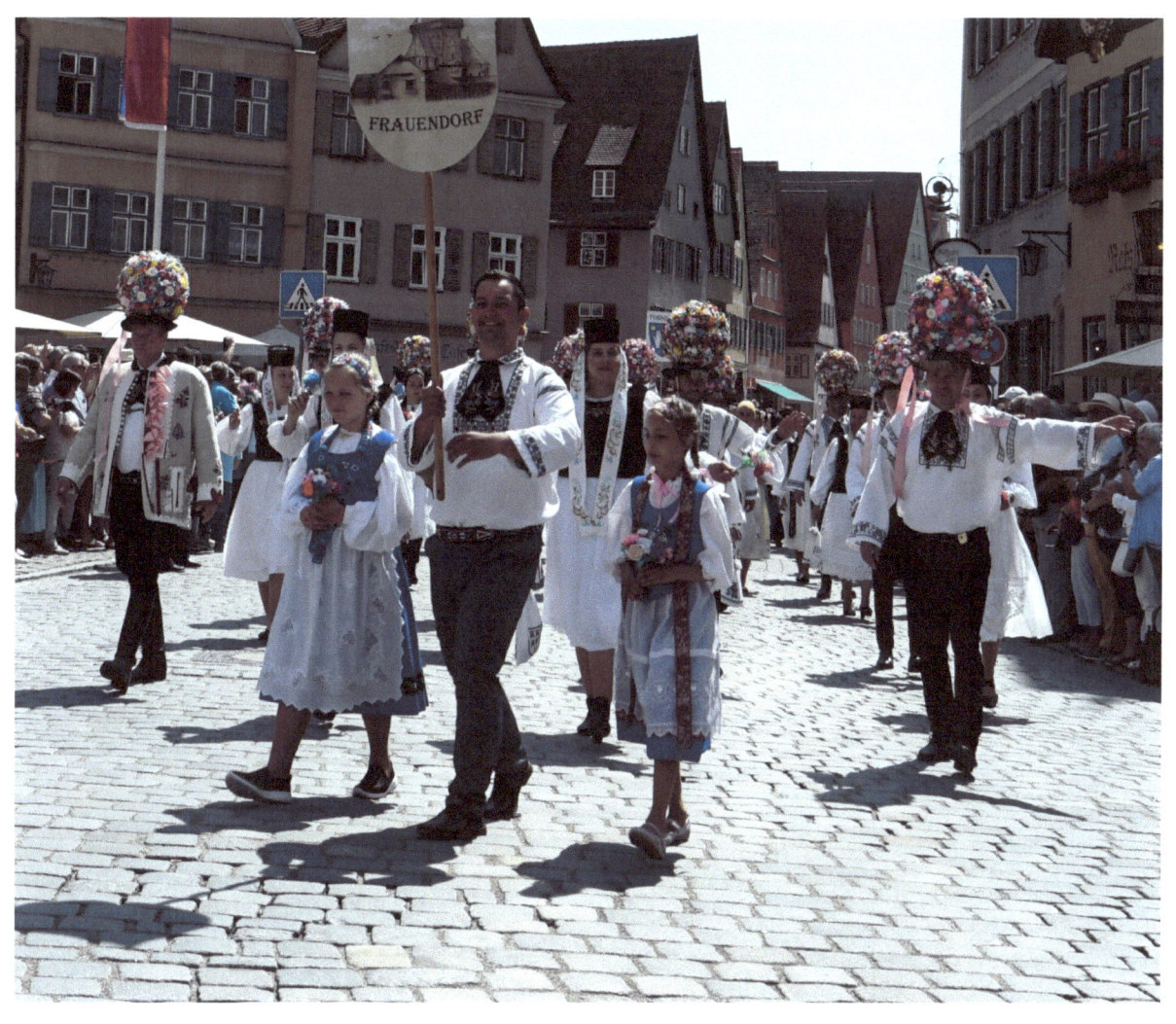

Trachtengruppe Frauendorf

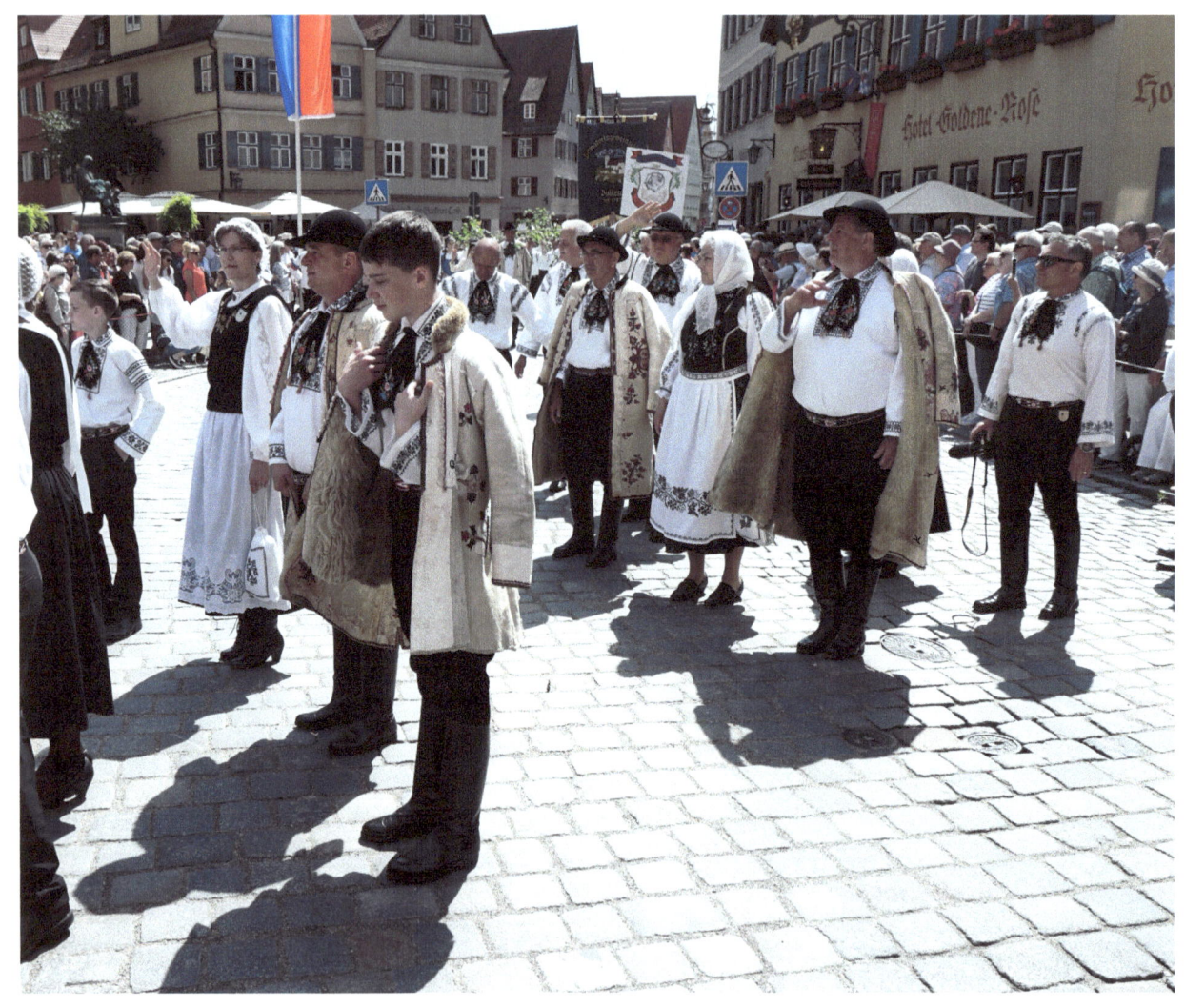

HOG Baaßen e.V.

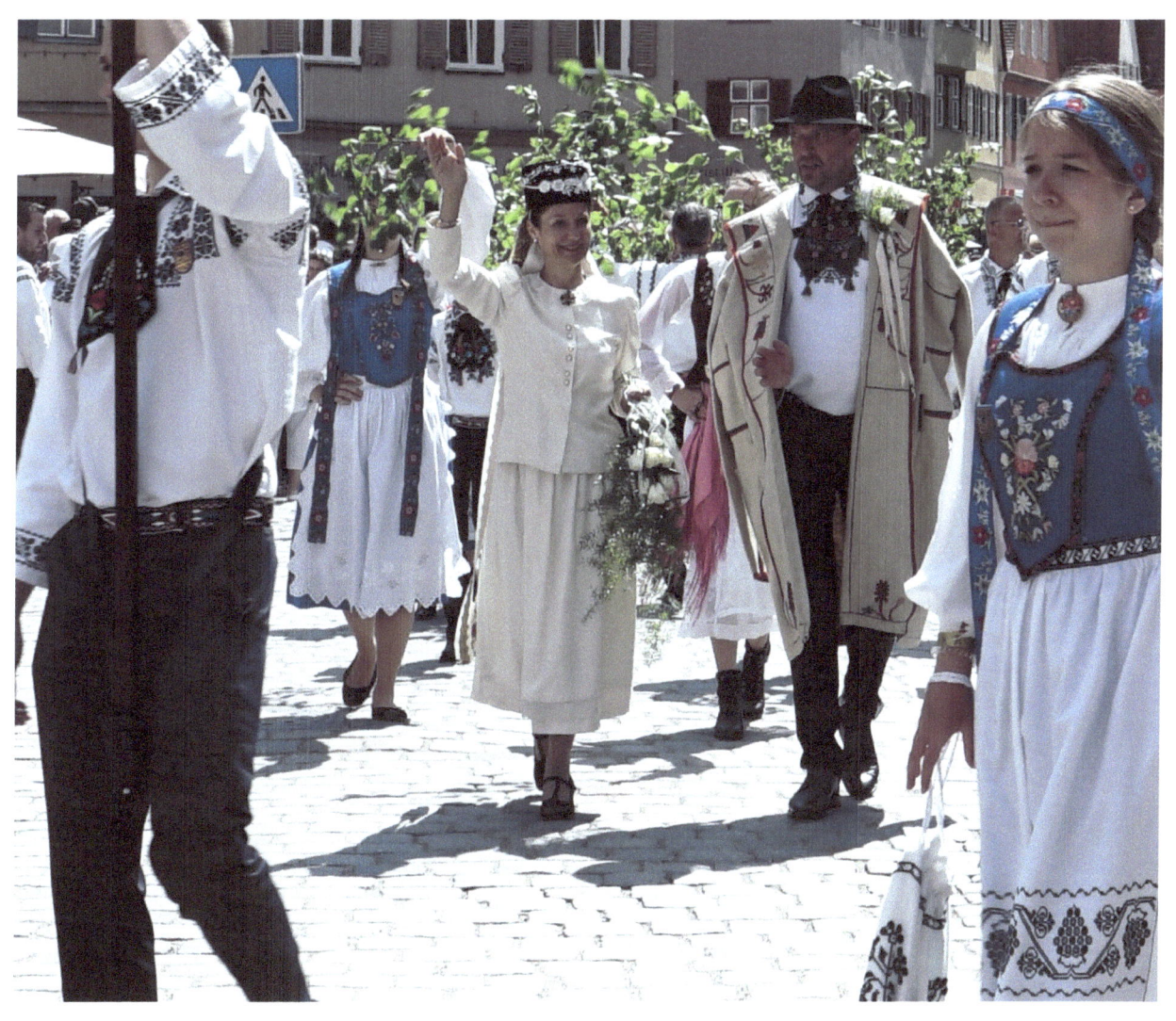

HOG Bulkesch e.V.

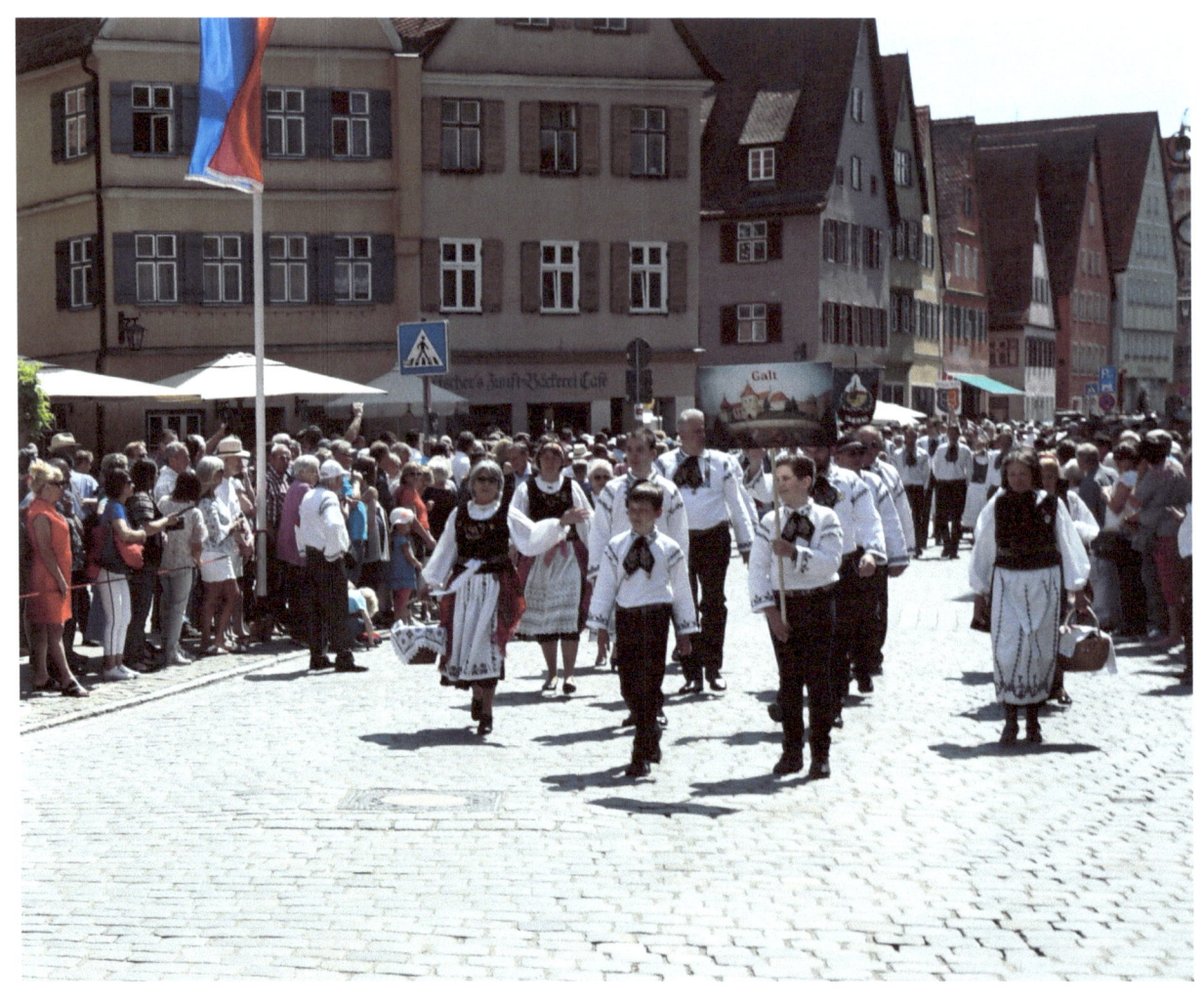

HOG Galt e.V.

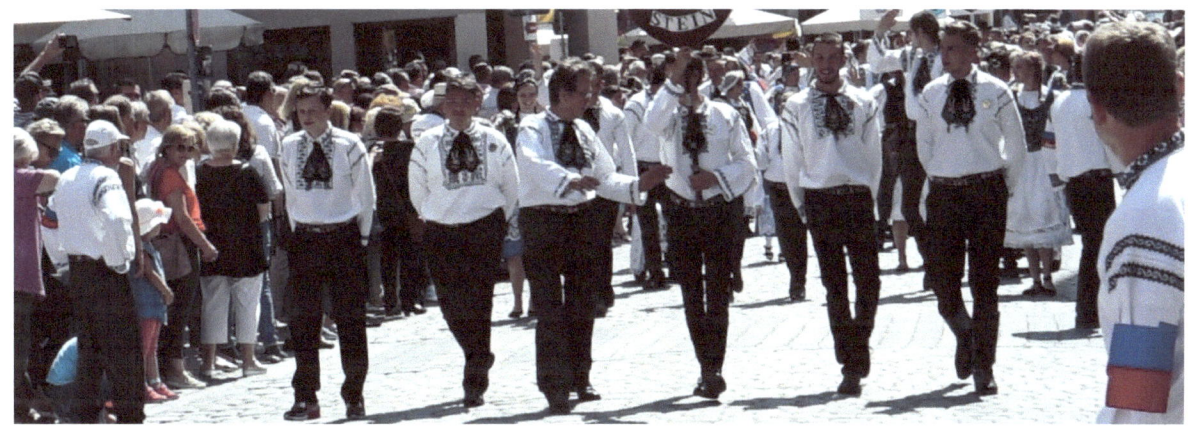

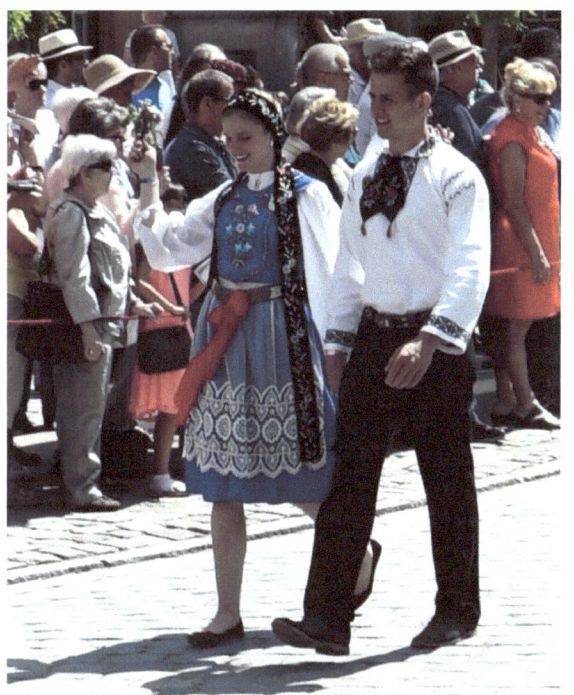

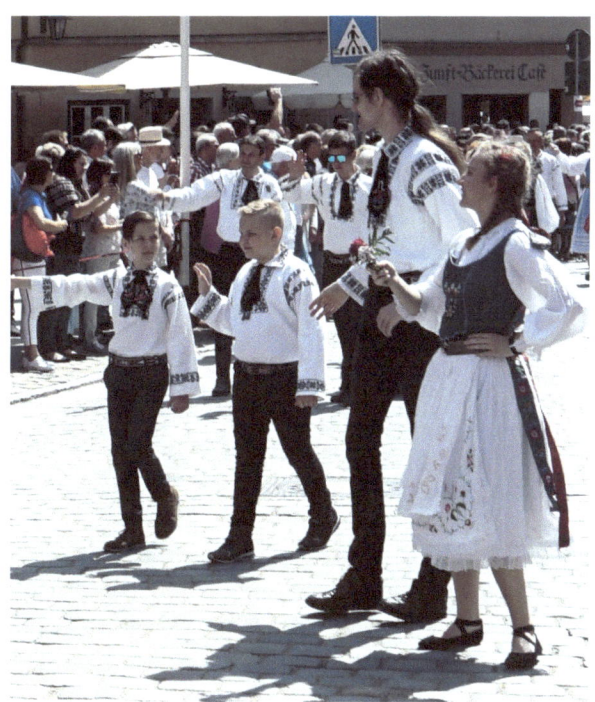

HOG Stein

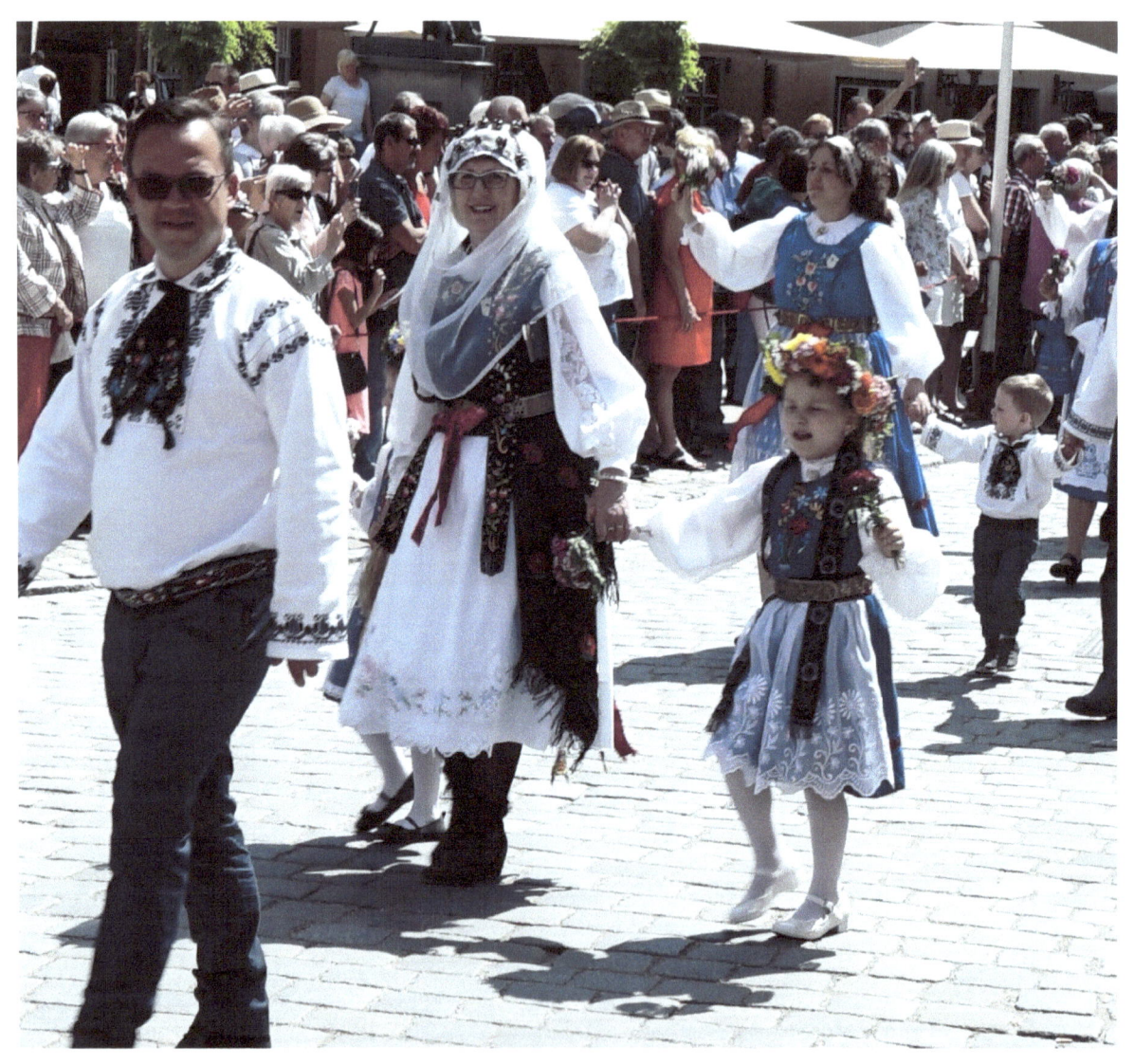

HOG Stein

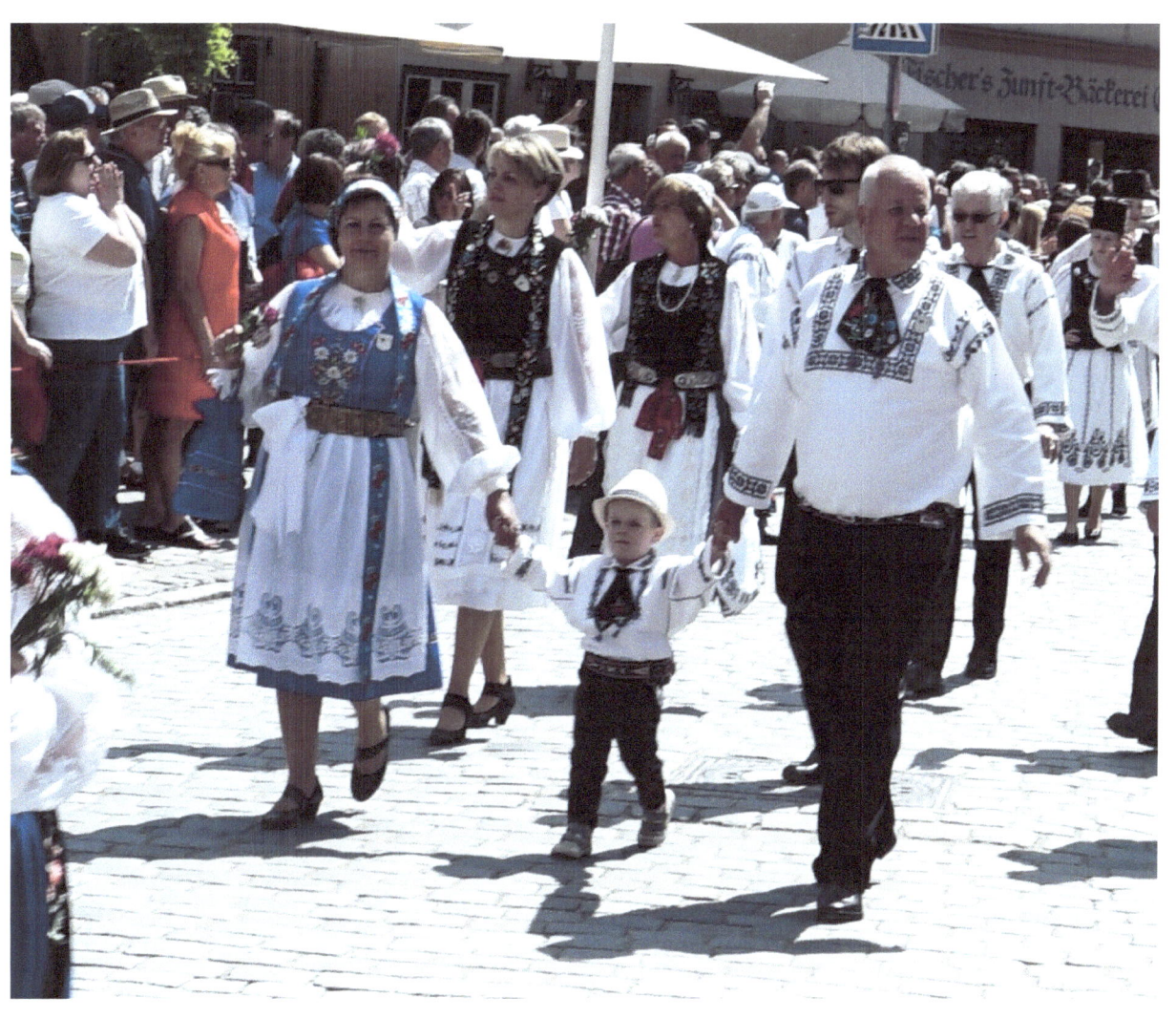

HOG Stein

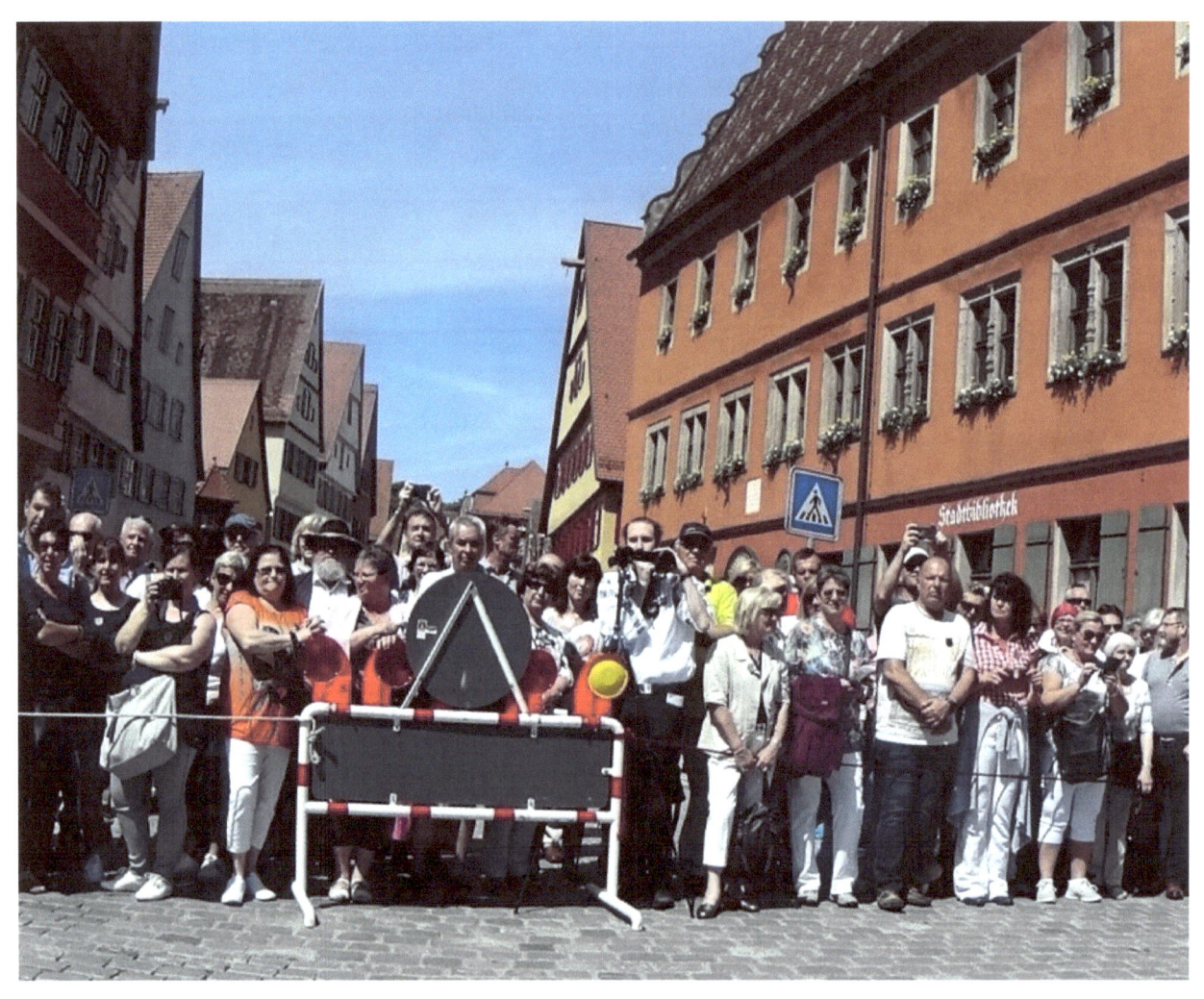

Viele Zuschauer

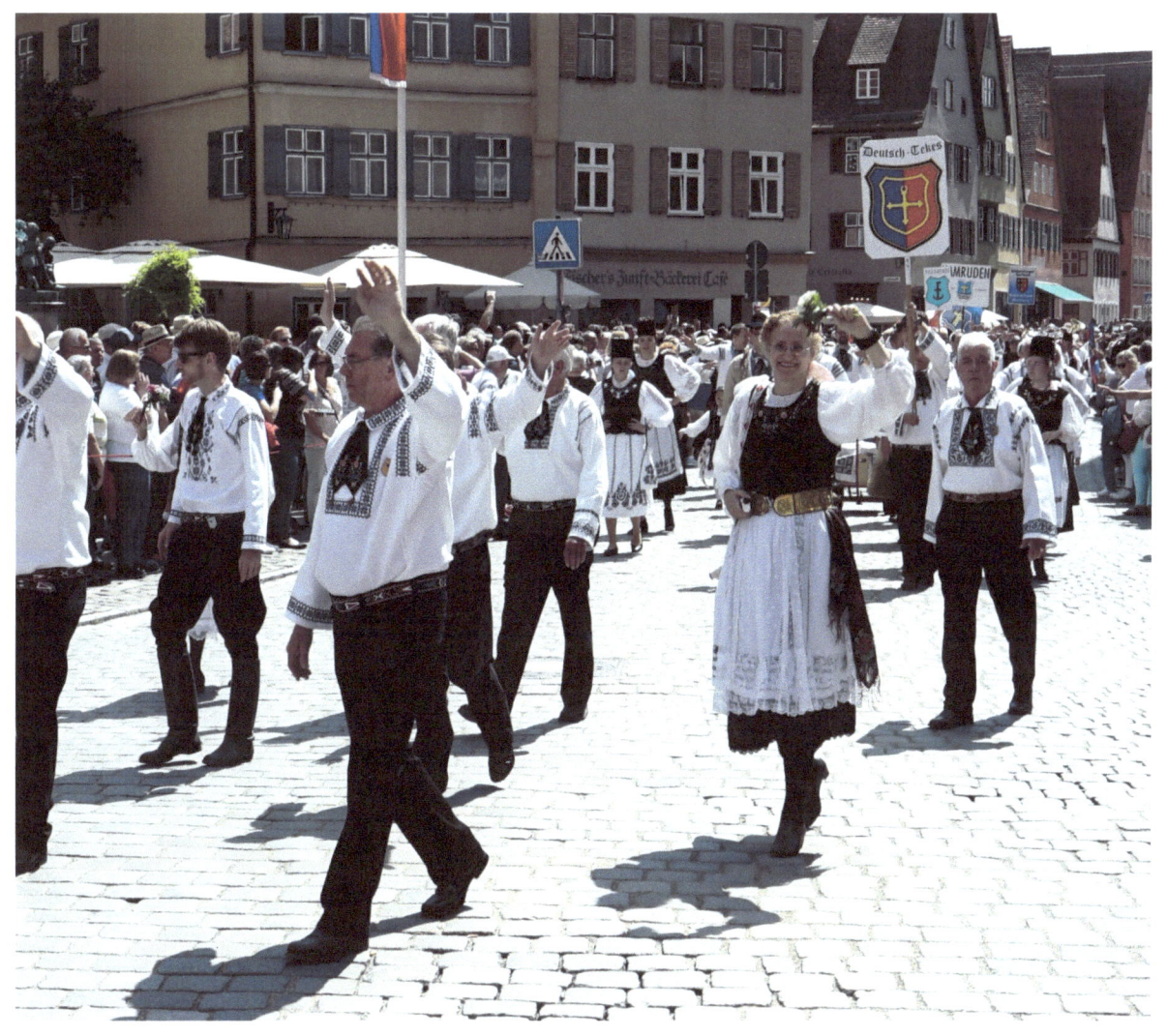

HOG Stein

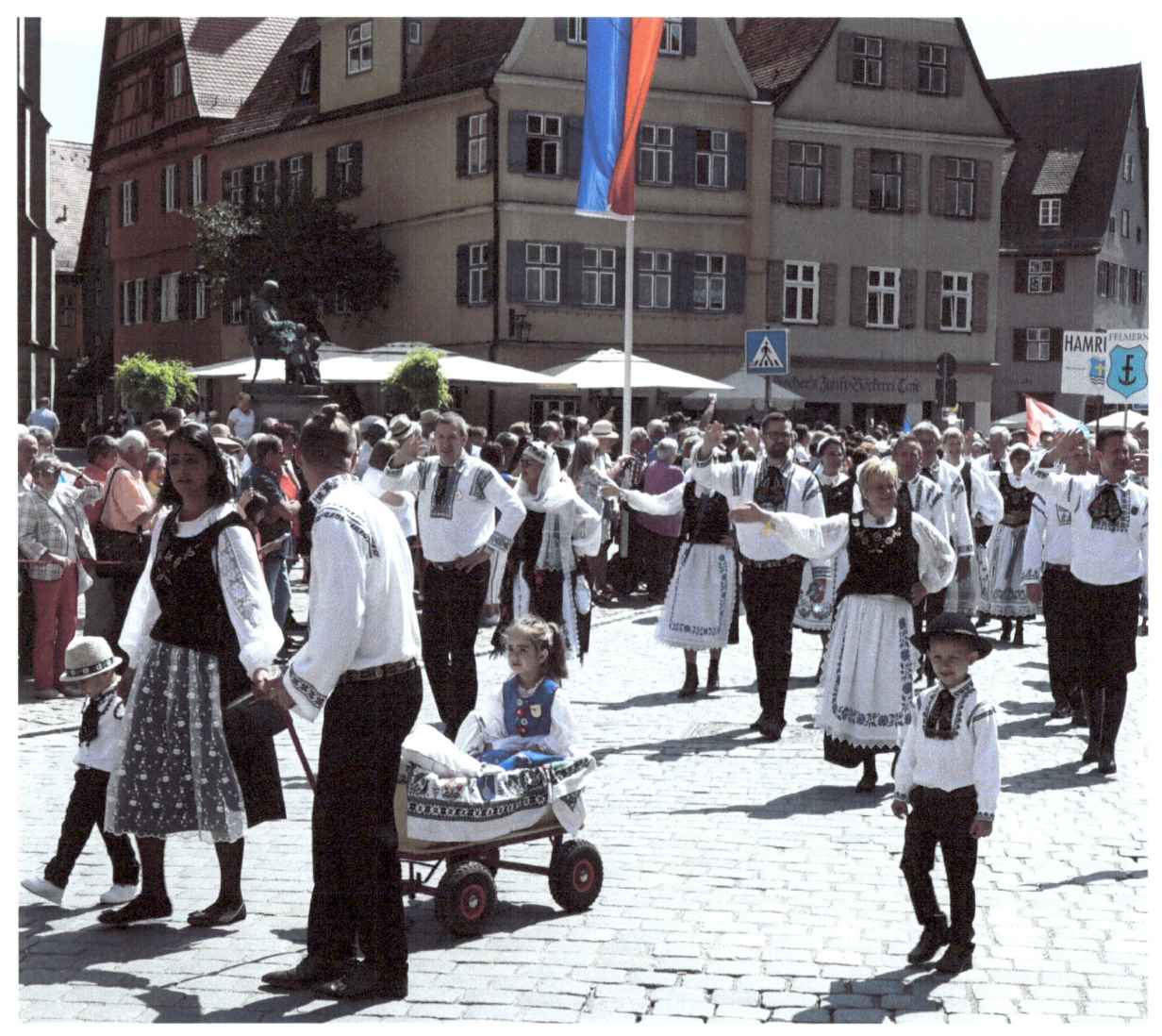

HOG Felmern

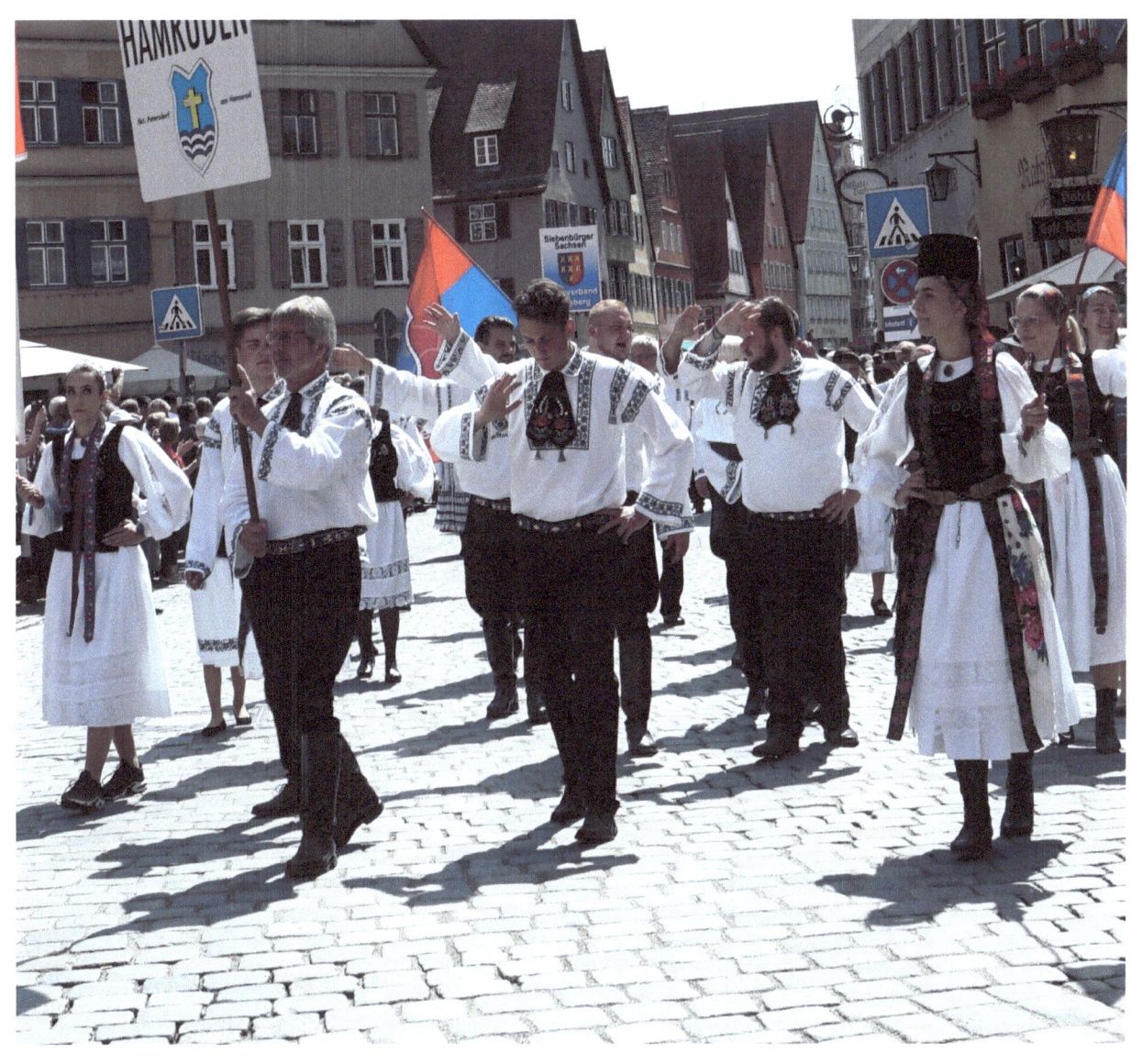

HOG Hamruden

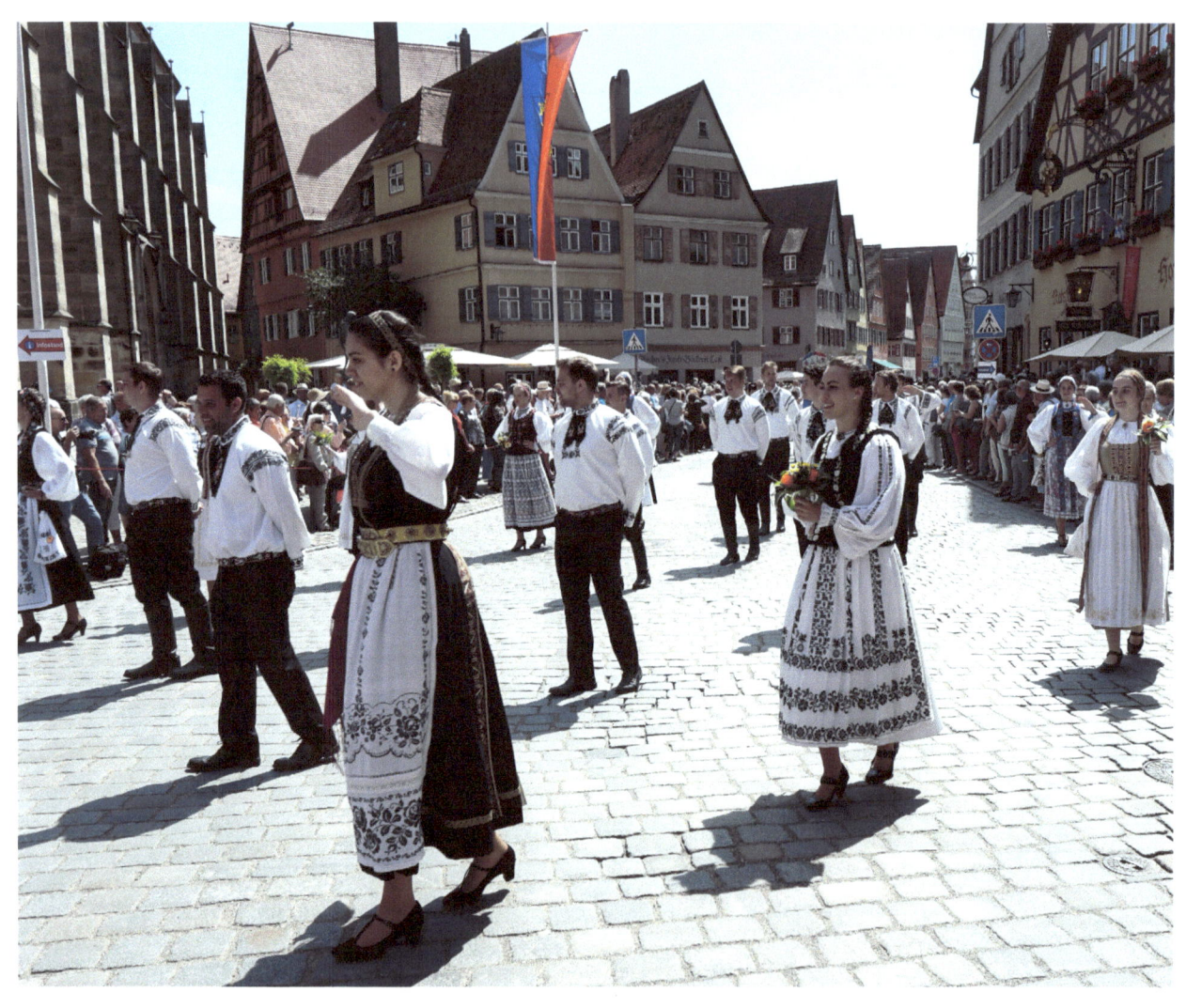

Siebenbürgische Jugendtanzgruppe Nürnberg

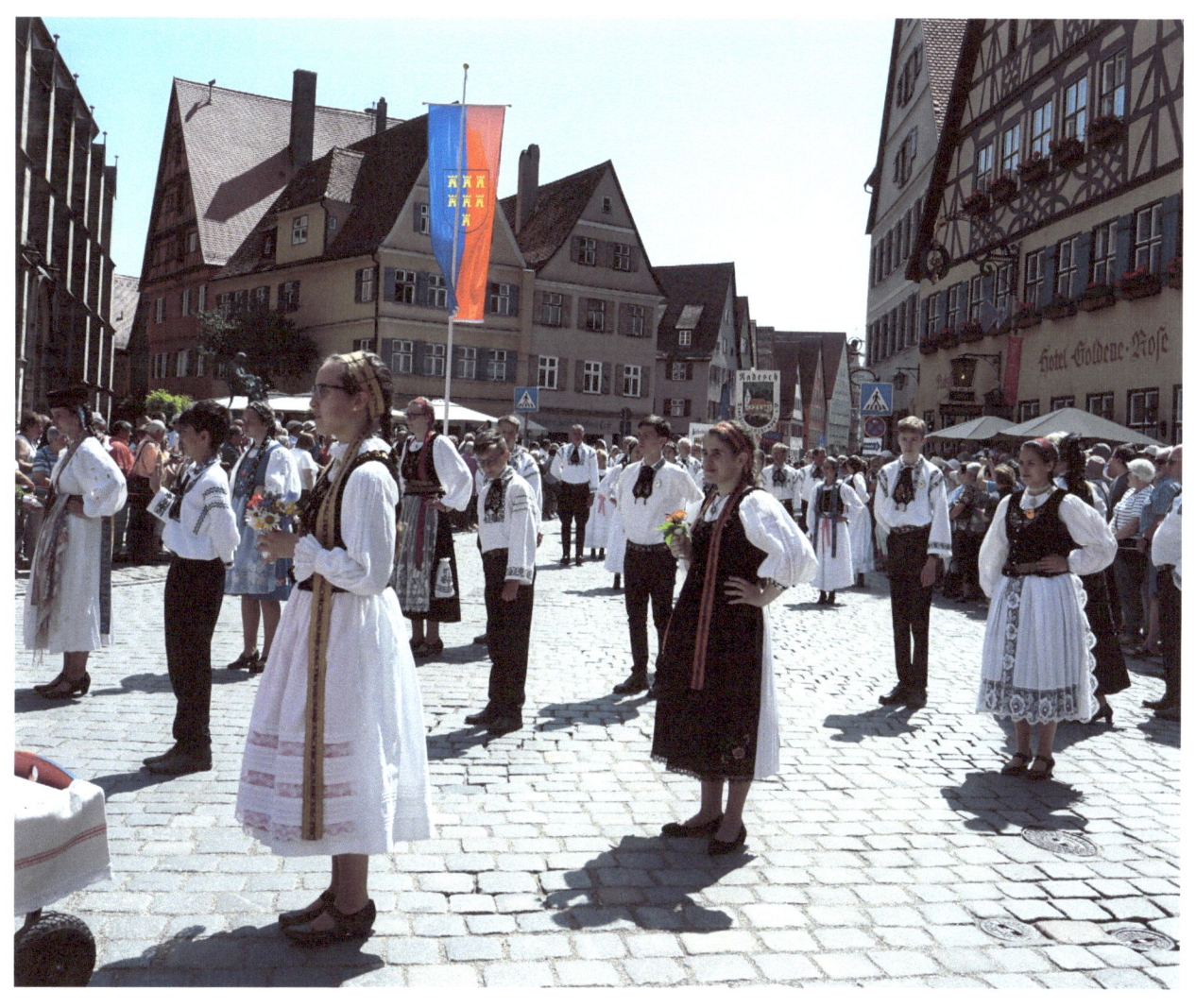

Siebenbürgische Jugendtanzgruppe Herzogenaurach

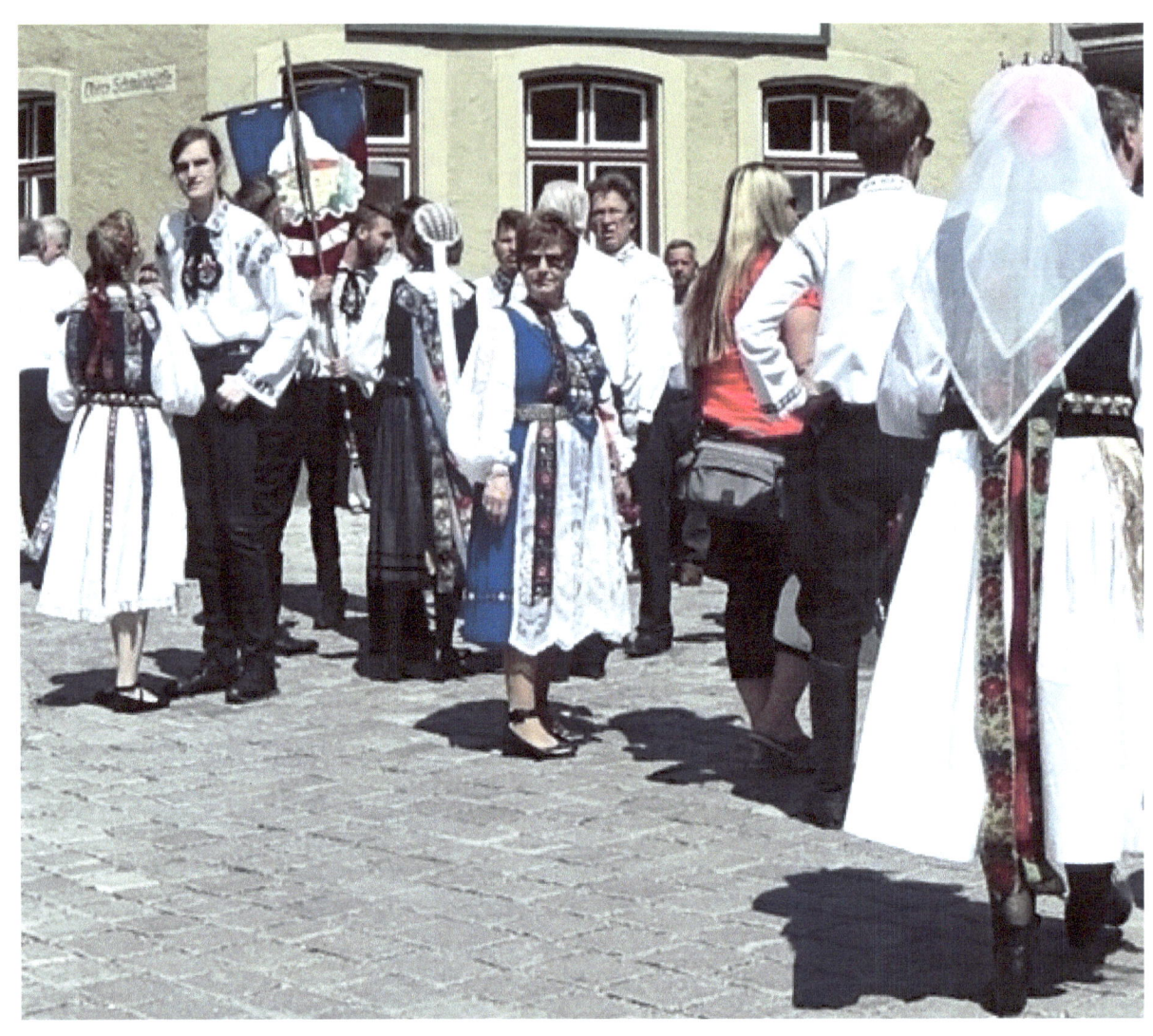

Ende des Zuges

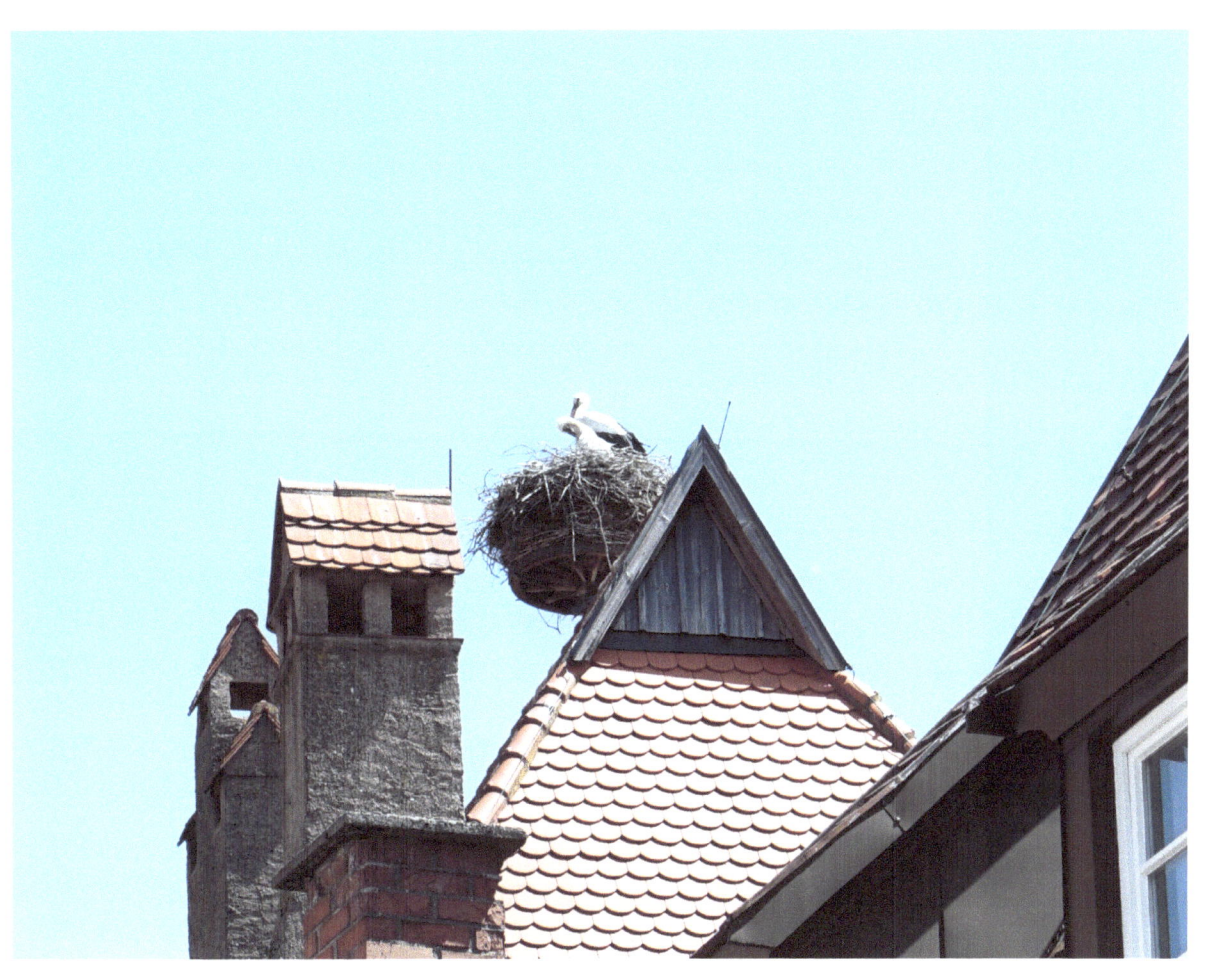

Störche in Dinkelsbühl

Inhalt

Auf der Bleiche	3	Hamlesch	19
Knabenkapelle	4	Weingartskirchen	20
JTG Zeiden	5	Neppendorf	22
Heidenheim	6	Reichesdorf	23
Reutlingen-Metzingen	8	Scharosch	24
Böblingen	9	Frauendorf	25
Malmkrog	10	Baaßen	26
Keisd	11	Bulkesch	27
Wuppertal	12	Galt	28
Zeiden	13	Stein	29
Neustadt	14	Felmern	34
Honigberg	15	Hamruden	35
Schönberg	16	JTG Nürnberg	36
Wolkendorf	17	Herzogenaurach	37
Stolzenburg	18	Ende	38

www.ingramcontent.com/pod-product-compliance
Lightning Source LLC
Chambersburg PA
CBHW051106180526
45172CB00002B/801